新意中文课本

—— TEXTBOOK ——

16

陈健★编著

New Concept Chinese

北京语言大学出版社
BEIJING LANGUAGE AND CULTURE UNIVERSITY PRESS

目录

1 编写说明

2 第1课 夸父逐日

16 第2课 记叙文——记事

30 第3课 我的老师

52 第4课 记叙文——记人

64 第5课 单元复习（一）

68 第6课 文房四宝之徽墨

82 第7课 记叙文——记物

98 第8课 黄山奇松

116 第9课 记叙文——记景

132 第10课 单元复习（二）

136 考试复习资料

141 总词汇表

编写说明

《新意中文》是一套专门为海外学生编写的“海外本土化教材”，适合 4 岁儿童到高中生使用。教材是由拥有美国加州儿童教育主管执照的资深中文教师陈健与中国专家学者共同研发，以她 15 年全职海外中文教学经验为基础编写而成的。全套教材共 24 册，课程设置为 10 年，总课时为 600 小时。目前由北京语言大学出版社出版发行 1~16 册，课程设置为 7 年，所需课时为 420 小时。这套教材 1~16 册期望达到的教学目标是：识字 2000 个，认读词语 4000 个，阅读材料 402 篇，会用 600 个词语造句，学写 1000 个常用字，可以读懂一般文章中 97% 左右的内容，能写 400~500 字的短文，了解中国文化的基本知识，学会查字典和中文电脑输入。1~16 册课程设置为：一年级 1~3 册，二年级 4~6 册，三年级 7~8 册，四年级 9~10 册，五年级 11~12 册，六年级 13~14 册，七年级 15~16 册。学习形式包括识字、拼音、句型、阅读、写作、中英文互译。课文内容包含中国文学、地理、历史、哲学等中国文化的丰富知识。从激发海外学生学中文的兴趣出发，以传播中国文化为目标，集知识性、趣味性为一体，图文并茂，是这套教材独树一帜的风格。

本册课本是《新意中文》的第 16 册，适用于中文七年级下半学期。全书共 10 课，教学时间为每课 3 小时，共 30 小时。其中单元复习（一）不占用课时，作为学生作业。单元复习（二）为全册总复习，后有考试复习资料，需占用课时。最后一周上课时，第一节课复习，第二节课考试，本册教材提供统一考卷。书后附有总词汇表。

本册课文共8课，4课阅读理解和4课写作课交叉教学。课文中的重点词语配有英文解释，以辅助学生有效地理解全文。课文1000字左右，阅读材料500字左右。写作课分别学习记叙文的记事、记人、记物、记景，并有范文和趣味作文素材的解析。语法上分8课学习主要词类。单元复习中设计了课文段落简繁体字对照朗读练习。

《作业练习》中有抄写词语、造句、阅读理解和同义词、反义词练习以及写作文等。

学完第16册后，学生能较熟练地独立阅读1000字的文章，并初步具备写600字短文的能力。

第16册课本配有《作业练习》两本、CD两张和试卷一套。

第1课

夸(kuā)父逐日

一 课文

远古的时候，在北方荒野中有一座高耸(sǒng)入云的山，在山林深处，生活着一群力大无穷的巨人。他们的首领耳朵上挂着两条金色的蛇，手里也抓着两条金蛇，他的名字叫夸父，因此这一群人就叫夸父族(zú)。夸父族人心地善良，勤劳勇敢，过着与世无争、逍遥(xiāo yáo)自在的日子。

有一年，天气非常热，火辣辣的太阳直射在大地上，树木都被晒焦(jiāo)了，河流都被晒干枯(kū)了。人们热得难以忍受，夸父族的人纷(fēn)纷死去。首领夸父很难过，他仰头望着太阳，告诉族人："太阳太可恶(wù)了！我一定要追上太阳，将它捉住，让它听人的指挥。"族人听了，纷纷劝阻(quàn zǔ)。有的人说："你千万别去呀，太阳离我们那么远，你会累死的。"有的人说："太阳那么热，你会被烤(kǎo)死的。"但是夸父决心已定，他看着愁苦不堪（chóu kǔ bù kān）的族人，说：“为了大家的安乐，我一定要去！”

夸父告别了族人，向着太阳升起的方向，迈开大步，像风一样追去。太阳在空中飞快地移动（yí dòng），夸父在地上拼命地奔跑（bēnpǎo）。他穿过一座座大山，跨过一条条河流，大地被他的脚步震（zhèn）得“轰（hōng）轰”作响，来回摇晃（yáo huàng）。夸父跑累了，将鞋里的土抖落在地上，于是地上形成了一座大土山。夸父煮饭时，拣（jiǎn）了三块石头架锅，这三块石头就成了三座鼎足而立（dǐng zú ér lì）的高山，有几千米高。

夸父一直追着太阳跑，眼看着离太阳越来越近，他的信心越来越强。终于，夸父在太阳落山的地方追上了太阳。一团红亮的火球就在夸父眼前，万道金光笼罩（lǒngzhào）着他全身。夸父无比欢欣（huān xīn）地张开双臂，想把太阳抱住，可是太阳炽热异常（chì rè yì cháng），夸父感到又渴又累。他就跑到黄河边，一口气喝干了黄河水，他又跑到渭（wèi）河边，把渭河水也喝光了，但还是不解渴。夸父又向北跑去，那里有纵横（zònghéng）千里的大泽（zé），大泽里的水足够夸父解渴。但是夸父还没有跑到大泽，就在半路上渴死了。

夸父临死的时候，心里充满（chōngmǎn）了遗憾（yí hàn），他还牵挂（qiān guà）着自己的族人，于是将自己手中的木杖（mùzhàng）扔（rēng）了出去。木杖落地的地方，顿时（dùn shí）生出一片郁郁葱葱的桃林。这片桃林终年茂盛，为往来的过客遮阴，结的鲜桃为人们解渴，让人们消除疲劳，精力充沛地踏上旅程。

夸父逐日的故事，反映了中国古代人民战胜干旱的愿望。夸父虽然最后牺牲了，但是他顽强的精神却永远不死。在中国的许多古书中，都记载了夸父逐日的相关传说，中国有的地方还将大山叫作“夸父山”，以纪念夸父。

二 认读词语

远古	ancient times, remote antiquity	荒野	wilderness
高耸入云	towering	巨人	giant
族	clan, class or group of people or things with common features	心地善良	good-hearted
勤劳勇敢	hard-working and brave	与世无争	vie with nobody, be in harmony with the rest of the world
逍遥自在	easy and carefree	干枯	dried up
难以忍受	unbearable	纷纷	one after another
可恶	hateful	劝阻	try to dissuade
愁苦不堪	extremely worried and grieved	迈开大步	stride
摇晃	quake	抖落	shake off
形成	come into being	拣	choose
鼎足而立	be tripartite	越来越近	closer and closer
越来越强	stronger and stronger	笼罩	enshroud
无比	very, incomparable	欢欣	delighted
双臂	both arms	炽热	blazing
异常	intensely, exceptionally	又渴又累	thirsty and tired
渭河	Wei River	解渴	quench one’s thirst

纵横千里	stretch a thousand miles in both length and breadth, extend over a vast area	大泽	big lake
充满	be full of	遗憾	regret
牵挂	care about, concern about	木杖	wooden stick
扔出去	throw, cast	顿时	immediately
郁郁葱葱	lush	茂盛	luxuriant
过客	passerby	遮阴	overshadow
疲劳	tired	精力充沛	energetic
踏上	set one's foot on	反映	reflect
干旱	drought	顽强	tenacious, indomitable
精神	spirit	却	but
记载	keep a record of		

三 课堂口头造句练习

★请同学们先举手

1 心地善良 --

2 纷纷 --

3 劝阻 --

4 越来越近 --

5 牵挂 --

6 郁郁葱葱 --

四 课堂先描后写

★ 请同学们注意笔画、笔顺

夸父临死的时候，心里充满了遗憾，他还牵挂着自己的族人，于是将自己手中的木杖扔了出去。木杖落地的地方，顿时生出一片郁郁葱葱的桃林。这片桃林终年茂盛，为往来的过客遮阴，结的鲜桃为人们解渴，让人们消除疲劳，精力充沛地踏上旅程。

五 语法——词类（一）

名词：表示人或事物名称的词。

1. 普通名词：人 山 手 笔 牛 学生 飞机 电话

例句：我要给他打电话。

2. 专有名词：北京 黄山 长城 孔子 喜马拉雅山

例句：今年暑假我们要去黄山旅游。

3. 抽象名词：友谊 思想 精神 观点 道德

例句：在夏令营，我和刘一建立了深厚的友谊。

4. 表示时间的名词：现在 过去 从前 将来 春天 今年 昨天 晚上 刚才 星期二

例句：为了我们的将来，现在一定要努力学习。

5. 表示方向、位置的名词：上 下 东 西 南 北 前 后 中 里 内 外 左 右

例句：山在你的左边，河在你的右边。

阅读

一 课本剧

两小儿辩日

旁白：各位老师、同学，新新课本剧表演队现在开始表演，题目是《两小儿辩日》。这是一个寓言故事，叙述的是古时候，两个小孩儿凭着自己的直觉来认识太阳，一个认为太阳在早晨离人近，一个认为太阳在中午离人近，为此，各持一端，争执不下，就连孔子这样博学的人也不能作出判断。这个故事说明为了认识自然、探求客观真理，要敢于独立思考、大胆质疑；也说明宇宙无限，知识无穷，再博学的人也会有不知道的事物，学习是无止境的。

孔老夫子常说："知之为知之，不知为不知。"也就是说要谦虚实在，不能不懂装懂。孔子还说过，看一个人要"听其言，观其行"，也就是说，从这个人的所作所为去判断他是否言行一致。那么孔子是不是真的“知之为知之，不知为不知”呢？刚好，下面这一幕会解答我们的疑问。

（两小儿上场）

甲：“我对！”

乙：“我才对！”

（孔子上场。两小儿也迎了上去）

孔子：你们在吵什么呀？

甲乙：我们在说太阳早晨离我们近还是中午离我们近。

甲：我认为太阳出来时距离人近，而中午时距离人远。

乙：太阳刚出来时离人远，而中午时离人近。

甲：您，您是名闻天下的孔老先生，您的知识比我们多，您来评一评，我们俩到底谁说的对呢！

孔子：哦，那你们各有什么理由呢？

甲：您想，早晨的太阳大得像车上的篷盖一样，等到中午时就像个盘子，这不是远处的小而近处的大吗？

乙：可是，太阳刚出来时清清凉凉的，等到中午时就热得像把手伸进热水里一样，这不是近的时候热而远的时候凉吗？

孔子：这，这两位小学士，老头子我实不相瞒，我也不能断定你俩到底谁说的对，谁说的错。老头子无知，愿拜两位为师。

甲乙（笑）：谁说您知道的事情多呢！

（孔子施礼）

甲：不行，不行，要我们收徒，我们也不知道答案，怎么能做您的老师呢？您学识渊博，我们应该拜您为师才对啊。

（甲乙一起施礼，下场）

乙：孔老先生真是名不虚传，谦虚待人，实事求是，“知之为知之，不知为不知”。

孔子（站在原地感叹）：世人多以己为大，孰料小儿之睛更锐也，吉乎！两小儿喜欢探索，精神可嘉啊！

旁白：同学们，剧中两小儿喜欢探索，精神可嘉；两小儿认识事物的角度不同，结果自然就不一样。同学们，老师常说，我们是最喜欢探究问题、寻求真谛的，看过课本剧《两小儿辩日》后，能否说出你对太阳远近的看法呢？

二 小幽默

果然上当

有个年轻人爱说大话，而听者往往上当。

有一回，一个老人在路上遇见他，便问："人人都说你会说大话，你说说，看能不能骗过我？"

那个年轻人很着急地说："我哪有工夫跟你说大话？今天东湖的水被大风吹干了，大家都争着去捞鱼，我也要赶着去抓一些。"

老人到东湖边上一看，水满满的，根本没有人在那里抓鱼。他这才知道，那个年轻人的大话早把自己骗了。

上当：be taken in, be fooled

何不早还

有个人要学习说话，听到人家说“岂有此理”，他很喜欢这句话，经常在嘴里念叨。

有一天，他去坐船过河时还在念“岂有此理”，因为人太多，秩序很乱，等他挤上了船，就把这句话忘了。于是他便绕着船四处寻找，船家问他丢了什么东西，他说丢了一句话。船家笑道：“话也会遗失的么？岂有此理！”这人大喜，说道：“你既然拾得这句话，为什么不早些还给我？”

岂有此理：all my eye, unreasonable

秩序：order, sequence

遗失：lose

第2课

记叙文——记事

一 课文

什么是记叙文?

记叙文是对发生的事情进行详细、清楚的交代，或是将人物的言行、经历细致地描绘出来，记事和记人都是记叙文的常见题材。写记叙文的时候，我们必须交代事情发生的时间、地点、人物及事情经过。

怎样写记事的记叙文?

记事的记叙文着重将事情交代清楚，但要留意有所取舍，不能像渔翁撒网般一网打尽，必须以事件为线索贯穿全文，要紧扣事件本身的发生、发展和结局来展开叙述。

1. 交代起因

事情的起因交代清楚，才能使读者了解来龙去脉。而事件的来由，往往是文章的起点，当然，也有在其他地方交代的。由于起因不是事件的主体，故应以简明为主。

2. 详述经过

经过是指事件的发展和变化过程。它是文章的主体，也是直接表现中心思想的部分，因此，写作时要注意以下几点：

1）如只记叙一件事的先后经过，要注意过程中纵向的联系，按事件发展变化的时间性来记叙。

2）若一篇文章中同时记叙几件事、几个场面或是事件的几个方面，则要注意各部分的横向联系。若记叙几件事，可按事件之间的内部联系来展开。若文章同时写几个场面或事件的几个方面，则应有具体的场面描写，不能光叙述过程。场面写活了，事件就能引人入胜。

3. 点明结果

记事的记叙文一定要点明结果，告诉读者事件的结局、问题最后如何解决的等，这样事件才算结束了。

若采取顺叙法，结果须在最后点出；若采取倒叙法，则结果可在文章开始时点出，但注意要写得简明，切忌画蛇添足。

二 范文

风雨中我成长

风雨中的坎坷，是通向成功的大门，门后是一道灿烂的彩虹。跨过坎坷，才能看见美丽的彩虹。

——题记

“啊！这么悲哀啊，又一个倒数第一！”我不由感慨道。“哇，怎么学的？第一又是你哦！”后桌坏笑。“我……我……不行啊？”我难过地低下了头。无数道杀人般的目光向我投来，悲哀！

社会，社会……令人头疼的科目！倒数第一，倒数第一……多么刺眼的字眼！社会老师又一次把我叫到办公室，“哎！你怎么学的？别的科目都这么好，怎么就社会这一科不好呢？你又不笨，相信自己，加油啊！”社会老师怀疑的目光里带着鼓励和信心。天啊！令人头疼的社会！

不行，我可是不甘落后的女孩儿，于是……

晚上，9点半……终于做完了所有作业！一个小女孩儿拿出社会课本，翻开那沉重的课本，上面密密麻麻的字像一个个顽强的小生命，与你抗争着。终于，10点，天啊！可背完前5课了！我躺倒在床上睡着了……

认认真真地听课，不时地在本子上记着……

又一次社会考试，天啊！分数，分数，分数……我满脑子全是分数！“才女！哎？怎么？怎么？好怪呀！没考倒数第一……让你同桌占了！哎……”后桌带着阴险的声音说。78分！30多名！好在我一番努力没有白费！

习惯还是坚持着……又一次社会考试开始了……

“83分！去社会办公室！”学习委员对我叫道。

社会老师和蔼地说：“看，我说吧？你又不笨，记住，只有通过自己的努力才能获得成功，挫折是通向成功的必经之路，相信你会坚持不懈的，继续加油！”我点了点头。

挫折是通向成功的必经之路，相信自己，总有一天你会看见前方不再是风雨，而是你想要的彩虹！

歌声伴随我成长

我的爸爸是教师，他非常爱唱歌。爸爸嗓音宽厚嘹亮，是一个地道的男高音。我从上幼儿园时就跟着他唱“马儿啊，你慢些走……”“美丽的夜色多沉静……”等最为爸爸妈妈那一代人熟悉的歌曲。当时我跟着他唱，音调忽高忽低、忽快忽慢，就像一台串了线的收音机。唱得虽不好，但却感到十分快乐，忘记了自己的一切，只觉得自己是一个小小歌唱家。

上小学一年级的时候，凭着妈妈给我的好嗓子，我参加了“少年之家”的声乐班。在班上我学会了许多儿童歌曲，有《小瓜棚》、《金色海螺》、《自己的事情自己做》，等等。我每学会一首，都会首先唱给爸爸妈妈听，天长日久，就改变了我家由爸爸唱给我听的“老传统”，我当了主角。我的歌声消除了他们一天的疲劳，使家中充满了欢乐的气氛；我的歌声还给他们带来回忆，他们经常给我讲他们童年的故事。可是我要说，学唱歌可真不容易啊！尤其是在刚开始学的时候，不学歌曲，只是“啊、啊、啊……”地发声，一练就两个多小时，乏味极了。我好几次都不想去了，但每次都是爸爸鼓励我说：“干什么都要下工夫，唱好一首歌，基本功不好可不行。我从小就是这么‘啊、啊、啊’练出来的呀！”啊，原来爸爸嗓子这么好，歌唱得这么动听，也是从小像我这样练出来的！我懂得了这个道理，于是一直坚持参加声乐班的活动。几年来，我在声乐班学了许多儿童歌曲，参加了无数次的校内外演出，获得过许多次优秀和奖励。唱歌，陶冶了我的情操；演出，又开阔了我的视野。就这样，我在歌声陪伴下渐渐地长大了。

啊！歌声将永远伴随我幸福地成长！

三 语法——词类（二）

动词：

1. 表示动作、行为、发展变化、心理活动等意义的动词

1）表示动作、行为：走 打 说 保护 批评

例句：时间不早了，我该走了。

2）表示心理活动：想 爱 恨 希望 思念 害怕 赞成

例句：我真的希望明天你能来。

3）表示发展、变化、存在、消失：有 存在 发生 演变 增长 减少 消失

例句：昨天我们学校发生了一件很有趣的事情。

4）表示行动开始或结束：开始 结束 停止

例句：小朋友们的演出马上就要开始了。

5）表示使令：叫 让 使 派 命令 要求

例句：妈妈叫我去做作业。

6）表示对待、处理：加以 予以 进行

例句：凡是参加比赛的学生，学校都予以奖励。

2. 表示可能、意愿的动词

1）表示可能：能 能够 可以

例句：如果今年春节我能去北京玩儿，那真是太好了！

2）表示必要：该 应 应该 应当

例句：平时我们应该了解一些有关地震的常识，当地震发生时才能从容应对。

3）表示意愿：敢 肯 愿意

例句：你愿意跟我们一起去看电影吗？

3. 表示动作趋向的动词：上 下 来 去 进 出 进来 出去 上来 下去

例句：王先生，请进来！

4. 表示判断的动词：是

例句：这只小猫是凯文的。

阅读

一 名人逸事

空格也算字数

据说，二十世纪三十年代上海有家书局给作者发稿费时，只按文字字数计算，标点符号、段落、空格都不算。

于是，鲁迅有一次故意给该书局寄去既没划分段落，更无一个标点的稿子。书局无奈，只得写信给鲁迅：“请先生分一分章节和段落，加一加新式标点符号。”鲁迅回信说：“既然要作者分段落、加标点，可见标点和空格还是必要的，那就得把标点和空格也算字数。”书局只好认输。

故意：purposely

无奈：have no alternative, have no choice

健忘的作家

有个作家六十多岁了，他不仅小说很有名，他的健忘也很有名。

有一天，他乘火车去某地。中途，列车员来查票，查到他时，他找了半天也找不到那张车票。列车员认识这位名作家，就说："别找了，您回来时再让我们看看您的票也可以。如果您找不到了，那也没关系。"

"怎么没有关系！我必须找到这张票。如果找不到，我怎么知道我要去哪儿？"

健忘：forgetful

查票：check one's ticket

精明的巴尔扎克

巴尔扎克最善于捡便宜货。一次他看中了一个商店橱窗里的花瓶，一问价钱太贵，钱不够。由于没法让店主大减价，他二话没说，就走了。

回去后他找了五六个朋友，把他的愿望告诉了他们。大家很快想出了一个办法：先由一个人进店，比标价略低还一个价，买不下就出来，隔不多久，另一个人进去，还的价比前一个还低。就这样，依次下去，末一个人把价还至最低。最后，巴尔扎克再亲自前去，还价比前面两三个人还的略高一些，就这样碰碰运气。

结果，这办法竟然奏效了——巴尔扎克用他自己希望的价钱买到了这个花瓶！

巴尔扎克：Balzac (1799-1850), a famous French writer
橱窗：show window
还价：bargain, haggle over a price
运气：luck, fortune　　奏效：prove effective

二 趣味作文素材

态度决定胜负

如果老天爷不曾给你聪明的头脑和显赫的家世，那么，“态度”将是唯一能使你胜出的金钥匙。

有一个古老的传说，是关于猎犬和兔子的。猎犬经常夸口，说自己跑得比任何猎物都快。

有一天，猎犬和主人一起去打猎。主人见不远处有一只野兔，为

了考验猎犬，就命令它去追那只野兔。经过半个多小时的追逐，猎犬无功而回，主人对它的表现十分不满。

猎犬辩解说："主人，你要知道，刚才我追那只野兔，只是抱着玩耍的心态，而野兔却是以逃命的心态在跑。追不到它，也不太奇怪吧！"

温馨提示

在工作中，许多时候决定成败的，并非能力，而是心态。全心全意，全力以赴，潜能方可尽显。当态度成为竞争的决胜武器时，你准备好了吗？

第3课

我的老师

一 课文

作者：海伦·凯勒

我记得我一生中最重要的一天，就是安妮·莎(shā)利文老师来到我身边的那一天——1887年3月3日。

在那个激动人心的下午，从母亲示意的动作以及人们进进出出地忙个不停的迹(jì)象中，我猜到我们家将会发生不寻(xún)常的事。我走到大门边，坐在石阶上等待。温暖的阳光照在我的脸上，我的手指触(chù)到鲜花的叶子，我意识到春天的来临。我一连好几个星期内心感到纳闷(nà mèn)和痛苦，感到疲倦(pí juàn)和寂寞(jì mò)。我不能预测未来将带给我什么。

我感到有人朝我走来，我以为是我母亲，就把手伸了出去。忽然，有一个人拉住我的手，然后把我紧紧搂(lǒu)在怀里。就是这个人在我以后的生活中深深地爱着我，向我揭(jiē)示了生命中的一切美好事物。

第二天早晨，莎利文老师带我到她的房间，给了我一个洋娃娃。

我玩儿了一会儿以后，她慢慢地在我手上拼了四个字母“d—o—l—l”（洋娃娃）。这种用手指拼字的方式使我很感兴趣。我不断模仿(mófǎng)老师的做法，后来我也学会了拼字，我感到很自豪。

一天，我在玩儿一个新洋娃娃时，老师给我拿来旧洋娃娃，以此表明两样东西都可以用“洋娃娃”这个词来表示。莎利文小姐很耐心地教我，可是我自己发了脾气，随手把新洋娃娃摔得粉碎。我那一整天都处于黑暗世界之中，感到很痛苦，对任何事情都不感兴趣，感受不到爱。

我的老师把帽子拿给我，我知道我们要出去了，要到温暖的阳光中去。我们走到井边，有人在吊(diào)水，老师把我的手放到水里。清凉的水涌到我的手上时，老师在我的手心里拼了“w—a—t—e—r”（水）这个词。开始她拼得很慢，后来越拼越快，我的注意力全凝聚(níngjù)在她的手指上。突然，我回想起一些模糊的事情，一种朦胧(ménglóng)的印象……就在灵(líng)光一闪的当儿，我领悟(wù)了“w—a—t—e—r”的拼写动作，指的正是那种奇妙的、清凉的、从我手上流过的东西。就是这个词唤醒了我的心灵，并使我的心灵得到了自由，因为这个词是活生生的。

我懂得了每样东西都有名称，每一个名称在我的脑海中都会产生新的概(gài)念。回到家我摸到的每一样东西似乎都充满了生气和活力，我用这种新奇的观点观察事物。进家门后，我就想起了被我摔碎的洋娃娃，我摸着洋娃娃的碎片，想把它拼凑起来。我的眼眶(kuàng)里充满了泪水，我意识到自己干了错事，我第一次为此而感到后悔和难过。

就在那一天，我学会了很多新词。我记不太清楚了，但是“母亲、父亲、姐妹、老师”这些词肯定是其中的一部分。那天晚上睡在床上，我感到自己是世界上最幸福的孩子，我热切地盼望着新的一天的来临。

春天到了，莎利文小姐搀(chān)着我的手，穿过人们正在播种的田野。我们坐在河边的草地上，在大自然中很自然地开始了我的启蒙课程的学习。我懂得了阳光和雨露能使植物生长，鸟儿会为自己筑巢(zhù cháo)，松鼠、鹿、狮子等动物会为自己觅(mì)食。随着我知识的增长，我感到周围的世界越来越多的东西给我带来兴奋和愉快。莎利文小姐教我从森林散发的芳香和青草丛的叶片中体会大自然的美。

她还向我描绘地球的形状。她从一开始就这样使我胸怀大自然，使得自然界成为我思想的一部分。

但是，也就在这时候，我体会到大自然对人并不总是善的、美的。早晨从家出门时天气很好，但很热。因为走的路程较长，我们坐在树荫下休息过两三次，最后一次是停在离家不远的一棵果树下休息。果树给人们提供一块凉爽的遮阴地，我在老师的帮助下，很容易地爬到树上去了。我一直往上爬，在树枝丛中找到一块能坐的地方。由于这块阴凉的地方很好，莎利文小姐建议，我们就在树荫下吃午饭，叫我等她拿来午饭后，再从树上下来。

我一个人坐在树上等着老师，突然间天气起了变化，太阳一下子没有了。我知道天空已是乌云密布，因为我身上已感觉不到阳光照射的热量，还闻到一股从泥土中散发出来的奇异的味道，我意识到这是雷雨的预兆（yù zhào）。老师不在身边，我一个人留在高高的树枝上，感到非常害怕，也感到很孤单。我的周围是无垠（yín）的空间，一切都是那么陌（mò）生。我坐在树枝上静静地等待着，我想只有等老师来了，我才能从树上下来，否则别无办法。

周围死一般的沉寂（chén jì）。树叶开始骚动（sāo dòng），然后整棵树都在颤抖（chàn dǒu）。要不是我使劲地抓牢树枝的话，一阵强风早就把我从树上刮（guā）下来了。狂（kuáng）风怒吼（nù hǒu），树不停地、猛烈地摇晃着。一阵倾盆（qīng pén）大雨把我周围的小树枝都打断了，我想从树上跳下来，但周围的恐怖（kǒng bù）气氛使我动弹不得，我只好仍留在树上。我听到一阵轰鸣声，似乎有什么重物掉下来，我坐的树枝摇晃得更厉害了。我想树和我会一起倒下去。就在这时，我的老师回来了，她一把抓住我的手，扶我从树上下来。我紧紧搂住老师，感到非常高兴，我的脚又重新踏在坚实的土地上了。这件事给我上了一堂生动的课——大自然并不总是对你微笑，对你仁慈。

有了学习语言的钥匙，我热切希望运用学到的东西。

我记得有一天早晨，我第一次问到“love”（爱）这个词。我在花园里找了不少早春的鲜花，我把这些花拿给我的老师。她想吻我

一下，但是那时候，除了我母亲以外，我不喜欢别人吻我。莎利文小姐用她的手臂温存地围着我的脖子，在我手上拼写了“我爱海伦”。

我问：“‘爱’是什么东西？”

她把我拉得更近，用手指着我的心说：“爱就在这里。”她的话使

我迷惑(mí huò)不解，因为当时除了手能摸得到的东西以外，我不能理解任何别的东西。

我闻着她手上的花，一面想一面打着手势问：“花的香味是‘爱’吗？”

“不是。”我的老师说。

我想了一下又问：“温暖的阳光照在我的身上，这是‘爱’吗？”

我认为没有什么东西比太阳更美丽，因为它温暖的光能使万物生长。但是莎利文小姐还是说不是。我感到困惑和失望，我想我的老师真怪，为什么不把“爱”拿给我看看，让我摸摸？

大概一天以后，老师要我把大小不同的珠子穿成两颗大珠和三颗小珠相间隔(xiāng jiàn gé)的式样。我穿错了很多，莎利文小姐没有责怪我，而是耐心和蔼(ǎi)地指出我的错误，叫我再仔细地按正确的次序排列珠子。莎利文小姐用手触着我的前额，拼了“think”（思考）。

刹(chà)那间，我懂得了事物的名称是在人们的脑子里通过思考产生的。我第一次意识到某些东西不一定是我的手能摸到的。

我花了很长的时间琢磨(zuó mo)“爱”这个词。太阳被云覆盖，下了一场阵雨。忽然云开日出，阳光又带来了南方将有的炎热。

我又问老师：“这是不是‘爱’呢？”

老师回答说：“‘爱’就像云一样，在太阳出来之前布满天空。”

接着她又解释说："你知道，你不能摸到云，但你会感觉到雨。同样的，你不能摸到'爱'，但是你知道人的温情可以灌注到每一样东西中去。没有爱你就没有欢乐。"

现在我明白这个词是什么意思了。我的脑子里充满了美妙的真理。我感到我的心跟我看不见的东西，跟别人的心，都是紧紧地连接在一起的。

我是通过生活本身开始我的学习生涯(yá)的。起初，我只是一块有可能学习的毛坯(pī)，是我的老师开阔了我的眼界，使我这块毛坯可以发展进步。她一来到我的身边，就给我带来爱，带来欢乐，给我的生活增添了绚(xuàn)丽的色彩。她把一切事物的美展现在我的面前。她总是设法使我生活得充实、美满、有价值。

二 认读词语

激动人心	exciting, breathtaking	示意	give a sign
迹象	sign, indication	寻常	ordinary
石阶	stone step	意识	realize
纳闷	puzzled	疲倦	tired
寂寞	lonely	预测	forecast, predict
搂	hug, embrace	揭示	show, reveal
模仿	imitate	自豪	proud
脾气	temper	摔	cause to fall and break
粉碎	broken into pieces	处于	be in (a cetain condition)
涌到	gush, flow in large amounts to	凝聚	concentrate
朦胧	obscure, dim	印象	impression
灵光	inspirational light	闪	flash
当儿	time, moment	领悟	realize, comprehend
奇妙	wonderful	清凉	cool and refreshing
唤醒	awaken, arouse	心灵	heart, soul

脑海	mind, brain	产生	produce, generate
概念	concept, idea	似乎	as if, seemingly
观点	viewpoint	观察	observe
碎片	broken pieces	拼凑	put…together
眼眶	eye socket	后悔	regret, feel sorry for…
难过	feel sorry/upset	搀	help sb. by the arm
穿过	pass through	播种	sow seeds
田野	field	启蒙	enlighten
雨露	rain and dew	筑巢	make a nest
觅食	find food, forage	随着	along with
芳香	aroma	描绘	describe
胸怀	have in mind, cherish	思想	thought
树荫	shade of a tree	遮阴地	shade
乌云密布	cloudy	照射	(of sunshine) shine upon
奇异	strange, bizarre	雷雨	thunderstorm
预兆	omen	孤单	lonely
无垠	boundless, vast	陌生	strange, unfamiliar
否则	otherwise	沉寂	still, silent, quiet
骚动	rock, sway	颤抖	tremble, shiver

怒吼	roar, howl	猛烈	fierce
倾盆大雨	downpour	恐怖	horrible
气氛	atmosphere	轰鸣	roar
仁慈	benevolent, kind	温存	gentle
迷惑不解	puzzled	手势	gesture
困惑	bewildered	失望	disappointed
间隔	interval	责怪	blame
和蔼	affable, kind	刹那间	in an instant
琢磨	turn sth. over in one's mind, consider	覆盖	cover
灌注	perfuse, pour into	美妙	wonderful, fabulous
生涯	career, life	毛坯	rough, semi-finished product
发展	develop	绚丽	gorgeous
充实	enriched, fulfilled	有价值	valuable

三 本课相关资料

海伦·凯勒，这是世界各国人民，特别是有志青年所共知的名字。她是一个美国人，生于1880年。她出生才19个月，就失去了视力和听力，不久又变哑，生命的开端就是多灾多难的。但幸运的是这个病弱的生命受到一位优秀老师——安妮·莎利文的关爱和培育，这份爱使她顽强地成长起来，使她的生命之火熊熊燃烧并焕发出无比耀眼的光芒，照亮了人类精神的殿堂。这个残疾儿童最后成长为一名作家、教育家。海伦·凯勒的故事在许多方面都给我们以启示，但最重要的启示应该是“爱”，爱生命、爱人、爱学习、爱思考。

四 课堂口头造句练习

★请同学们先举手

1 示意 ______

2 迹象 ______

3 意识 ______

4 朦胧 ______

5 领悟 ______

6 无垠 ______

五 课堂先描后写

★ 请同学们注意笔画、笔顺

我	是	通	过	生	活	本	身	开	始	我	的	学	习
生	涯	的	。	起	初	，	我	只	是	一	块	有	可
能	学	习	的	毛	坯	，	是	我	的	老	师	开	阔
了	我	的	眼	界	，	使	我	这	块	毛	坯	可	以
发	展	进	步	。	她	一	来	到	我	的	身	边	，
就	给	我	带	来	爱	，	带	来	欢	乐	，	给	我
的	生	活	增	添	了	绚	丽	的	色	彩	。	她	把
一	切	事	物	的	美	展	现	在	我	的	面	前	。
她	总	是	设	法	使	我	生	活	得	充	实	、	美
满	、	有	价	值	。								

六 语法——词类（三）

形容词：表示人或事物的性质或状态的词。

1. 性质形容词：好 坏 冷 热 方 圆 伟大 勇敢 聪明 平常

   例句：太阳和月亮都是圆的。

2. 状态形容词：雪白 金黄 通红 巨大 绿油油 香喷喷 糊里糊涂

   例句：山坡上开满了金黄的油菜花。

代词：代替名词、动词、形容词、数量词、副词的词。

1. 人称代词：我 你 他 咱 自己 我们 他们 别人 大伙儿

   例句：别人的东西不能乱动。

2. 疑问代词：谁 哪 什么 怎样 多少 怎么

   例句：你每天花多少时间学中文？

3. 指示代词：这 那 这里 那里 这么 那么 这样 那样 其他 任何

   例句：任何时候我们都要对自己有信心。

阅读

一 名人的成长

坚强的海伦·凯勒

1882年，一名女婴(yīng)因发高烧差点儿丧(sàng)命。她虽然幸运地活了下来，但发烧给她留下了后遗症——她再也看不见、听不见了。因为听不见，她想讲话也变得很困难。那么这样一个在19个月时就既盲又聋的孩子，是如何成长为享誉世界的作家和演说家的呢？

高烧将她与外界隔开，使她失去了视力和声音。她仿佛(fǎng fú)置身在黑暗的牢笼(láolóng)中无法摆脱。

万幸的是，海伦并不是个轻易认输的人。不久，她就开始利用其他的感官来探察这个世界了。她跟着母亲，拉着母亲的衣角，形影不离。她去触摸(chùmō)，去嗅(xiù)各种她碰到的物品。她模仿别人的动作且很快就能自己做一些事情，例如挤牛奶和揉(róu)面。她甚至学会了靠摸别人的脸或衣服来识别对方。她还能靠闻不同的植物和触摸地面来辨别自己在花园的位置。

七岁的时候她发明了六十多种不同的手势，靠此得以和家里人交流。比如她若想要面包，就会做出切面包和涂黄油的动作；想要冰淇淋，她会用手裹(guǒ)住自己装出发抖的样子。

海伦在这方面非比寻常，她绝顶(juédǐng)聪明又相当敏感。通过努力，她对这个陌生且让人迷惑(míhuò)的世界有了一些认识，但她仍有一些不足。

海伦五岁时开始意识到她与别人不同。她发现家里的其他人不用像她那样做手势而是用嘴交谈。有时她站在两个人中间触摸他们的嘴唇，她不知道他们在说什么，而她自己也不能发出带有含义的声音。她想讲话，可无论费多大的劲儿也无法使别人明白自己。这使她异常懊恼(àonǎo)以至于常常在屋子里乱跑乱撞(zhuàng)，灰心地又踢又喊。

随着年龄的增长，她的怒气越来越大。她变得狂野(kuángyě)不驯(búxùn)。倘若(tǎngruò)

她得不到想要的东西就会大发脾气直到家人顺从。她惯用的手段包括抓别人盘里的食物以及将易碎的东西猛扔(měngrēng)在地。有一次她甚至将母亲锁在厨房里。这样一来就得想个办法了。于是，在她快到七岁生日时，家里便雇(gù)了一名家庭教师——安妮·莎利文。

安妮悉心教授海伦知识，特别是她感兴趣的东西。这样海伦变得温和了而且很快学会了用盲文阅读和写作。靠用手指接触说话人的嘴唇去感受运动和震动，她又学会了触唇意识(chùchún yì shí)。这种方法被称作泰德马(tàidé mǎ)，是一种很少有人掌握的技能。她也学会了讲话，这对失聪的人来说是个巨大的成就。

海伦证明了自己是个出色的学者，1904年她以优异的成绩从哈佛大学拉德克利夫学院毕业。她有惊人的注意力和记忆力，同时她还具有不达目的誓不罢休(shì bú bà xiū)的毅(yì)力。上大学时她就写了自传《我的生命》。这使她取得了巨大的成功从而有能力为自己购买一套住房。

她周游全国，不断地举行讲座。她的事迹为许多人著书立说提供了素材，各地还上演了关于她生平的戏剧和电影。最终她声名显(xiǎn)赫(hè)，应邀出访多个国家并受到外国的大学和国王授予的荣誉。1932年，她成为英国皇家国立盲人学院的副校长。

1968年她去世后，一个以她的名字命名的组织建立起来，该组织旨在与发展中国家存在的失明缺陷作斗争。如今这所机构，“海伦·凯勒国际”，是海外向盲人提供帮助的最大组织之一。

二 世界奇观

杜康造酒

中国酿(niàng)酒的历史相当悠(yōu)久。最早在周朝就有文字记载，说是杜康造酒，至今已有两千五百年的历史。

杜康酒原产于河南省汝(rǔ)阳县的杜康林，这里有一个酒泉沟，酿酒用的就是这里的水。

据说，当时在这个林子里有一棵桑(sāng)树。一天，杜康在这里放羊，把吃剩(shèng)下的饭用桑叶包好，放在树洞里，后来他忘了带回去。过些日子，他又来这里放羊，经过这棵老桑树时，闻到一股芳香的气味，他找了一会儿，发现香味是从洞里发出的。原来是他放的剩饭经过长时间发酵(jiào)糖化后，发出酒的芳香，杜康因此而悟出了用粮食酿酒的道理。后来，他就开始用粮食发酵酿酒，这就是中国最早的“杜康酒”。

杜康：the legendary alcohol maker in ancient China

悠久：long-standing, age-old

周朝：Zhou Dynasty (about 11th century B.C.-256 B.C.)

一股：*a numeral-classifier compound used for gas, smell, strength, means, etc.*

发酵糖化：ferment and saccharify

悟：realize

中山装

孙中山先生不喜欢中国过去的长袍(páo)马褂(guà)，也不爱好时髦(máo)的西服洋装。他认为，穿长袍马褂麻烦，行动起来不方便；而西服洋装价格昂贵，因为那些外国衣料都要用我们的黄金白银去买。后来，他找了一个当过裁缝(cáifeng)的同盟会员替他裁制了一种新式上装。这种新式上装是孙中山先生自己设计的，看上去很像当时在南洋华侨工人中流行的服装，但是加上了一个小翻领，口袋增加为四个，并把两个下袋改成很大的明袋，以便放书本。试穿时，孙中山先生高兴地说：“这种衣服好看、实用、方便、省钱。”

这就是今天中国人常穿的中山装。

中山装：Chinese tunic suit
孙中山：Sun Yat-sen, leader of the Republican Revolution of 1911, considered the Father of Modern China
长袍：long gown, robe
马褂：mandarin jacket, worn over a gown
时髦：fashionable, stylish
西服洋装：Western-style suit
昂贵：expensive, costly
同盟会：Tung Meng Hui, Chinese United League, initiated by Sun Yat-sen and established in Tokyo in August 1905
南洋：*an old name for Southeast Asia*

第4课 记叙文——记人

一 课文

什么是记叙文？（重温）

记叙文是对发生的事情进行详细、清楚的交代，或是将人物的言行、经历细致地描绘出来，记事和记人都是记叙文的常见题材。写记叙文的时候，我们必须交代事情发生的时间、地点、人物及事情经过。

怎样写记人的记叙文？

记人的记叙文要以人物为中心进行叙述和描写。首先可描述人物的外表印象，接着描写其内在性格，再进一步，可以用其行为的表现来衬托，肯定你对他的观感，最后总结即可。为求突出人物的形象，要注意以下几方面：

1. 肖像描写

肖像是指人物的外表，包括身材、容貌、服饰、神态、表情等。

好的肖像描写要能反映出人物的性格特征和内心世界，并要与人物的社会地位、身份、年龄、职业、性别等相称。

2. 语言描写

刻画人物，要充分利用人物自己的语言，人物的语言要反映出他的个性，符合他的经历、身份、年龄、职业等特点，表露出他当时的心情。成功的语言描写，多与人物的动作、神情、姿态等方面的刻画结合起来。

3. 行动描写

描写人物的行动，可以反映出他的思想和性格。

4. 心理描写

直接描写人物的思想活动，揭示人物的内心世界和性格。

二 范文

我的妈妈

我有一个风趣幽默的妈妈。正因为如此，我的性格也很开朗，谁叫妈妈给了我那么多的幽默细胞！

我的妈妈有1.68米，修长的身材，因为生了我，肚子有点儿大。爸爸有时笑话她，她却一点儿也不生气。她说："像一只小熊猫一样，不是很好吗！"我妈妈从没用过一丁点儿化妆品，有时还用我的婴儿润肤露，我问她，她总是说："你看妈妈皮肤多好，因为我是小宝贝！"

我妈妈就这样，更可笑的是三年前……

那天，我骑着童车和妈妈去街心花园散步。忽然，妈妈想起有人叫她去聊天儿。于是，妈妈马上把我送回家，自己蹬着我的童车去了。那动作一摇一摆，灵活自如。听妈妈讲，那天大街上的人都朝她看，边看边笑，弄得她很不好意思。

有一次，家里的窗帘钩(liángōu)掉了几个，拉不上了。爸爸爱自己弄，结果花了一天也没修好，很生气。妈妈想逗爸爸笑，于是躲在窗帘后，“吱(zhī)啦”一声拉开窗帘，微笑着上前一步，随手举起一根木条当作“话筒”，唱起了歌。声情并茂地唱完后，她挥着手说：“再见，

我忠实的歌迷们！”我“扑哧(chī)”一声笑了，越笑越开心，笑成了“哈哈……哇哈哈！”怎么搞的，爸爸也笑了？原来妈妈唱着歌，竟把刚装上的窗帘钩又拉掉了。所以呢，爸爸笑着又开始重新装窗帘钩。

嘿(hēi)！妈妈你真行。你是我们的“开心果”，一颗永远开心的“开心果”，一个永远开心的妈妈！妈妈，我爱你。

邻居家的捏泥能手

易力是我的邻居，也是我的好朋友。他最大的特长就是会捏(niē)橡皮泥。一块在我们看起来很平常的橡皮泥，只要经过他那双灵巧的手，就会变成各种各样的艺术品。易力长得瘦瘦的，个子高高的。他有一个自己亲手做的精致的小纸盒，里面的小方格里整齐地排列着各种橡皮泥。在盒子的边上，放着一根细细的青竹签(qiān)，是用来雕刻的。

星期天，我去易力家玩儿。一推开他家的门，我就惊呆了。只见他家的桌子上、柜子里，甚至连床头都摆着他的橡皮泥杰作。看，写字台的一角有一座“花果山”。在“水帘洞”旁，一群猴子正在嬉戏。啊，那不是石猴孙悟空吗？他正捧着仙桃不肯松手。再看装饰柜里，更是琳琅(lín láng)满目。

“易力，给我也做个泥塑吧！”

易力答应了，他从盒子里挑出一块黄色的橡皮泥，搓了搓，轻轻一捏，再用一些红色的橡皮泥镶(xiāng)上，于是，一个孙悟空的头就出来了，真逗人喜欢。接着易力又挑了各种颜色的橡皮泥，经过他那双手一搓，一捏，再一雕，一个孙悟空就出来了。易力还为齐天大圣做了一根如意金箍(gū)棒。看，这个泥塑孙悟空，脚踏祥云，手搭凉篷，瞪着一双火眼金睛，举着如意金箍棒，样子好不威武。

我拿着这个孙悟空，爱不释手，高兴得连声说："谢谢，谢谢！"

易力真是个小小的艺术家，我为我身边有这样一个好朋友而感到高兴，感到自豪！

三 语法——词类（四）

数词：表示数量、数目的词。

1. 基数词：一 二 三 十 百 千 万 亿

例句：中国有十三亿人口。

2. 序数词：第一 第二 初一 初三 老四

例句：今年大年初一是几月几号？

3. 分数词：三分之一（1/3） 十分之七（7/10） 百分之五（5%） 八成

例句：我的项目已经完成三分之一了。

4. 倍数词：一倍 十倍

例句：他今年的收入比去年增加了一倍。

5. 概数词：几 一些 若干 百把 上下 左右 五六十

例句：他的年龄大概在五十上下吧。

量词：表示人、事物或动作、行为的计量单位的词。

1. 名量词：个 件 只 把 辆 双 斤 尺 伙 群 克

例句：你买了几把椅子？

2. 动量词：趟 遍 次 番 回 下 阵

例句：经过三次复赛，她终于获得了冠军。

阅读

一 人间箴言

窗子和镜子

一个人面对外面的世界时，需要的是窗子；一个人面对自我时，需要的是镜子。通过窗子可以看见世界的明亮，使用镜子才能看见自己的污点。

其实，窗子或镜子并不重要，重要的是你的心。你的心宽广，书房就大了；你的心明亮，世界就明亮了。你的心如窗，就看见了世界；你的心如镜，就照见了自我。

污点：stain, blemish
书房：study (room)

面具

人面原不如那纸制的面具哟！你看那红的、黑的、白的、青的、喜悦的、悲哀的、怒得目眦(zì)欲裂的面容，无论你怎样褒(bāo)奖怎样嫌弃，它们一点儿也不改变。红的还是红，白的还是白，目眦欲裂的还是目眦欲裂。

人面呢？颜色比那纸制的小玩意儿好，表情也灵活多变。可是你褒奖他的时候，他虽然高兴，脸上却装出很不愿意的样子；你指责他的时候，他虽然懊恼，脸上偏要显出勇于接受批评的神色。

人面到底是靠不住啊！我们要学面具，但不要戴它，因为面具后头应当让它空着才好。

面具：mask

目眦欲裂：open one’s eyes wide to register anger or indignation

褒奖：praise and honour　　嫌弃：dislike and avoid

小玩意儿：little thing, little handicraft

指责：censure, find fault with　　懊恼：annoyed, upset

二 趣味作文素材

行为的钥匙

驴子向你嘶叫，你可别向它嘶叫。

著名专栏作家哈理斯和朋友在报摊上买报纸，朋友礼貌地对报贩(fàn)说了声“谢谢”，但报贩却冷冷地板着脸，一言不发。

“这家伙态度很差，是不是？”他们继续向前走时，哈理斯对朋友说。

“他每天晚上都是这样的。”朋友说。

“那你为什么还是对他那么客气？”哈理斯问他。

朋友答道：“为什么我要让他决定我的行为？”

温馨提示

我们的行为和心情经常受他人左右，当我们容许别人掌控我们的情绪时，我们便觉得自己是受害者，对现况无能为力，抱怨与愤怒成为我们唯一的选择。一个成熟的人应该掌握住自己行为与情绪的钥匙，他不期待别人使他快乐，反而是他将快乐与幸福带给别人。他的情绪稳定，为自己负责，和他在一起是一种享受，而不会感到压力。

你行为和情绪的钥匙在哪里？在别人手中吗？快去把它拿回来吧！

第5课 单元复习（一）

课堂朗读，简繁对照练习

第一课（简体） 夸父逐日

夸父一直追着太阳跑，眼看着离太阳越来越近，他的信心越来越强。终于，夸父在太阳落山的地方追上了太阳。一团红亮的火球就在夸父眼前，万道金光笼罩着他全身。夸父无比欢欣地张开双臂，想把太阳抱住，可是太阳炽热异常，夸父感到又渴又累。他就跑到黄河边，一口气喝干了黄河水，他又跑到渭河边，把渭河水也喝光了，但还是不解渴。夸父又向北跑去，那里有纵横千里的大泽，大泽里的水足够夸父解渴。但是夸父还没有跑到大泽，就在半路上渴死了。

夸父临死的时候，心里充满了遗憾，他还牵挂着自己的族人，于是将自己手中的木杖扔了出去。木杖落地的地方，顿时生出一片郁郁葱葱的桃林。这片桃林终年茂盛，为往来的过客遮阴，结的鲜桃为人们解渴，让人们消除疲劳，精力充沛地踏上旅程。

夸父逐日的故事，反映了中国古代人民战胜干旱的愿望。夸父虽然最后牺牲了，但是他顽强的精神却永远不死。在中国的许多古书中，都记载了夸父逐日的相关传说，中国有的地方还将大山叫作“夸父山”，以纪念夸父。

老师签名：________ 日期：________

第一課（繁體） 夸父逐日

夸父一直追着太陽跑，眼看着離太陽越來越近，他的信心越來越強。終於，夸父在太陽落山的地方追上了太陽。一團紅亮的火球就在夸父眼前，萬道金光籠罩着他全身。夸父無比歡欣地張開雙臂，想把太陽抱住，可是太陽熾熱異常，夸父感到又渴又累。他就跑到黄河邊，一口氣喝乾了黄河水，他又跑到渭河邊，把渭河水也喝光了，但還是不解渴。夸父又向北跑去，那裏有縱横千里的大澤，大澤裏的水足夠夸父解渴。但是夸父還沒有跑到大澤，就在半路上渴死了。

夸父臨死的時候，心裏充满了遺憾，他還牽掛着自己的族人，於是將自己手中的木杖扔了出去。木杖落地的地方，頓時生出一片鬱鬱葱葱的桃林。這片桃林終年茂盛，為往來的過客遮陰，結的鮮桃為人們解渴，讓人們消除疲勞，精力充沛地踏上旅程。

夸父逐日的故事，反映了中國古代人民戰勝乾旱的願望。夸父雖然最後犧牲了，但是他頑強的精神卻永遠不死。在中國的許多古書中，都記載了夸父逐日的相關傳說，中國有的地方還將大山叫作“夸父山”，以紀念夸父。

老師簽名：________ 日期：________

第三课（简体） 我的老师

大概一天以后，老师要我把大小不同的珠子穿成两颗大珠和三颗小珠相间隔的式样。我穿错了很多，莎利文小姐没有责怪我，而是耐心和蔼地指出我的错误，叫我再仔细地按正确的次序排列珠子。莎利文小姐用手触着我的前额，拼了“think”（思考）。

刹那间，我懂得了事物的名称是在人们的脑子里通过思考产生的。我第一次意识到某些东西不一定是我的手能摸到的。

我花了很长的时间琢磨“爱”这个词。太阳被云覆盖，下了一场阵雨。忽然云开日出，阳光又带来了南方将有的炎热。

我又问老师：“这是不是‘爱’呢？”

老师回答说：“‘爱’就像云一样，在太阳出来之前布满天空。”接着她又解释说：“你知道，你不能摸到云，但你会感觉到雨。同样的，你不能摸到‘爱’，但是你知道人的温情可以灌注到每一样东西中去。没有爱你就没有欢乐。”

现在我明白这个词是什么意思了。我的脑子里充满了美妙的真理。我感到我的心跟我看不见的东西，跟别人的心，都是紧紧地连接在一起的。

我是通过生活本身开始我的学习生涯的。起初，我只是一块有可能学习的毛坯，是我的老师开阔了我的眼界，使我这块毛坯可以发展进步。她一来到我的身边，就给我带来爱，带来欢乐，给我的生活增添了绚丽的色彩。她把一切事物的美展现在我的面前。她总是设法使我生活得充实、美满、有价值。

老师签名：________　　　日期：________

第三课（繁體） 我的老師

大概一天以後，老師要我把大小不同的珠子穿成兩顆大珠和三顆小珠相間隔的式樣。我穿錯了很多，莎利文小姐沒有責怪我，而是耐心和藹地指出我的錯誤，叫我再仔細地按正確的次序排列珠子。莎利文小姐用手觸着我的前額，拼了“think”（思考）。

刹那間，我懂得了事物的名稱是在人們的腦子裏通過思考產生的。我第一次意識到某些東西不一定是我的手能摸到的。

我花了很長的時間琢磨“愛”這個詞。太陽被雲覆蓋，下了一場陣雨。忽然雲開日出，陽光又帶來了南方將有的炎熱。

我又問老師：“這是不是‘愛’呢？”

老師回答說：“‘愛’就像雲一樣，在太陽出來之前佈滿天空。”接着她又解釋說：“你知道，你不能摸到雲，但你會感覺到雨。同樣的，你不能摸到‘愛’，但是你知道人的溫情可以灌注到每一樣東西中去。沒有愛你就沒有歡樂。”

現在我明白這個詞是什麼意思了。我的腦子裏充滿了美妙的真理。我感到我的心跟我看不見的東西，跟別人的心，都是緊緊地連接在一起的。

我是通過生活本身開始我的學習生涯的。起初，我只是一塊有可能學習的毛坯，是我的老師開闊了我的眼界，使我這塊毛坯可以發展進步。她一來到我的身邊，就給我帶來愛，帶來歡樂，給我的生活增添了絢麗的色彩。她把一切事物的美展現在我的面前。她總是設法使我生活得充實、美滿、有價值。

老師簽名：________　　　日期：________

第6课

文房四宝之徽(huī)墨

一 课文

徽墨，因主要产于古徽州地区而得名。

徽墨色泽黑润，舐(shì)纸不胶，入纸不润，香味浓郁(yù)，宜书宜画。书画家公认徽墨“落纸如漆，万载存真”。用徽墨书写或绘画，墨色至今仍似漆有光，经久不变，故人们称赞徽墨为“千秋光”，驰(chí)名中外。这是中国十分珍贵的民族文化遗产，代代相传。

徽墨有漆(qī)烟、油烟、全烟、松烟、净烟、咸胶、加香等品种。高级漆烟墨是用桐油烟、麝(shè)香、冰片、金箔(bó)、珍珠粉等几十种名贵材料制成的，墨色能分出浓淡层次、似漆有光、研磨无声，落纸渗透(shèntòu)性强，能防止虫蛀(zhù)。由著名的书画家和能工巧匠合作，将名人书画雕(diāo)在墨模(mú)上，制成的徽墨既实用，又具有欣赏价值，品位更高，成为特种工艺品。同时，还有按照造型制作出的金蝉(chán)、金龟等形状，经过描金着色，这种工艺徽墨成为人们喜爱的收藏品、纪念品，畅销国内外。

据《徽州府志》记载，徽墨产于唐朝末期。明代，徽墨出口到东南亚一些国家。清代康熙(kāngxī)年间，徽州形成了胡开文、曹素功、汪近圣、汪节庵(ān)四大墨庄。其中，胡开文墨庄最为兴旺发达，以质地优良、物美价廉(lián)占领了徽墨市场，在徽墨行业独占鳌(áo)头。胡开文生产的“苍佩(cāngpèi)室”徽墨被清王朝选为贡(gòng)品，年年向朝廷(tíng)进贡，从此徽墨声誉更高。

胡开文墨庄是清代乾隆(qiánlóng)47年创建的，创建者名叫胡天柱，皖南绩溪人。他从南京乡试考场匾额(biǎn é)上看到“天开文运”四个字，从中取了“开文”两字为自己的墨庄命名。墨庄开业后，胡天柱努力提高徽墨质量，千方百计增加徽墨品种。1796年，他聘请徽派画家，到北京将驰名中外的圆明园、长春园、万春园的绮(qǐ)丽风光描绘下来，设计出64幅形态各异的墨模，请专人雕刻(diāo kè)成《御(yù)园图》集锦(jǐn)墨，重达3.5公斤。这套墨模，在设计、造型、雕刻、制墨、描金、着色等方面，都达到了历史最高水平，成为稀世珍品。以后他又设计出从播种到采摘的《棉花图》，集奇松、怪石、云海、温泉为一体的《黄山图》，以及《西湖名胜图》等一批高档书画图案，制作出的一批墨模深受中外爱好者、书画家、收藏家喜爱，他们纷纷购买收藏，或作为礼品赠送亲友，胡开文徽墨生产进入了鼎(dǐngshèng)盛时期。晚清时期，坐落在北京的圆明园、长春园、万春园三座皇家园林毁于战火，但徽墨《御园图》仍保留至今完好无损，使我们能看到御园风光，欣赏到祖国灿烂的文化遗产。

徽墨的特殊功能，使徽墨对中国书法和绘画的发展、传播和保存做出了重大的贡献，并获得了很多荣誉和奖励。1910年，徽墨获得南洋劝业会授(shòu)予的金质奖章；1915年，胡开文的“地球墨”在巴拿马国际展览会获得金质奖章；屯溪徽州徽墨厂的超顶漆烟书画墨，分别在1979年和1983年获得国家银质奖章，1989年又获得国家金质奖章。

二 认读词语

徽墨	ink stick made in Huizhou	舐	lick
浓郁	rich, strong	万载	ten thousand years
驰名	well-known	珍贵	valuable
遗产	heritage	桐油	tung oil, Chinese wood oil
麝香	musk	冰片	*a kind of traditional Chinese medicine*
金箔	gold foil	珍珠	pearl
研磨	grind	渗透性	permeability, penetrability
虫蛀	moth-eaten	能工巧匠	skillful craftsman
蝉	cicada	畅销	easy to sell
唐朝	Tang Dynasty (618-907)	明代	Ming Dynasty (1368-1644)
清代	Qing Dynasty (1616-1911)	康熙	Kangxi Emperor (1654-1722) of the Qing Dynasty, or the Reign of Kangxi Emperor (1662-1722)
兴旺	flourishing	发达	developed
独占鳌头	be the champion, come out on top	乾隆	Qianlong Emperor (1711-1799) of the Qing Dynasty, or the Reign of Qianlong Emperor (1736-1795)
匾额	horizontal inscribed board	绮丽	beautiful

风光	scene, view	雕刻	carve
御园	royal garden	稀世珍品	rare article
鼎盛	at the height of power and splendors	皇家	imperial, royal
毁于	be destroyed by/in	战火	flames of war
荣誉	honour, credit	奖励	reward, award

三 课堂口头造句练习

★请同学们先举手

1 浓郁

2 驰名

3 能工巧匠

4 畅销

5 兴旺

6 鼎盛

四 课堂先描后写

★ 请同学们注意笔画、笔顺

徽	墨	色	泽	黑	润	，	舐	纸	不	胶	，	入	纸
不	润	，	香	味	浓	郁	，	宜	书	宜	画	。	书
画	家	公	认	徽	墨	“	落	纸	如	漆	，	万	载
存	真	”。	用	徽	墨	书	写	或	绘	画	，	墨	色
至	今	仍	似	漆	有	光	，	经	久	不	变	，	故
人	们	称	赞	徽	墨	为	“	千	秋	光	”，	驰	名
中	外	。	这	是	中	国	十	分	珍	贵	的	民	族
文	化	遗	产	，	代	代	相	传	。				

五 语法——词类（五）

介词：用在名词、代词或名词性词组前面，合起来表示动作、行为的方向、时间、处所、对象等的词。

1. 表示对象、关系：把 被 对 对于 让 叫 和

 例句：我被她逗笑了。

2. 表示处所、方向或时间：在 从 自 往 朝 由 向 到 当 临 随着

 例句：再往前面走一个路口就是中国城了。

3. 表示状态、方式：用 以 按 根据 通过

 例句：根据今天的天气预报，明天可能有大风。

4. 表示原因：由于 因为 因

 例句：他因为这件事受到了表扬。

5. 表示目的：为 为了 为着

 例句：为了明天的毕业典礼，大家都忙到深夜。

6. 表示比较：比 跟 同

 例句：这本小说比那本小说更有趣。

7. 表示排除：除 除了

 例句：除了玲玲之外，我们都去爬山了。

阅读

一 名人逸事

黄宾虹与徽墨

黄宾虹是山水画大师，自然与徽墨有缘(yuán)。这里介绍黄宾虹参与制造徽墨的一段故事。

1888年，黄宾虹25岁，父亲黄定华在金华经商失败，便迁(qiān)回故乡——歙(shè)县潭(tán)渡村。在“山静似太古，日长如小年”的生活中，黄定华每日只练几笔书法作为消遣。因他每天作书研墨，忽然灵机一动，想道：徽墨是传统名产，不受洋货充斥(chōngchì)的影响，何不试试这行？也免得坐吃山空。他当即和儿子黄宾虹商议制造徽墨的事。恰好村里有个曾在曹素功墨庄做过墨的老墨工，便找来一起商量。黄宾虹读过有关制笔造墨的书籍，便给父亲当助手。当下，黄家父子就在自家收拾了两间小屋，作为工场，雇了几个帮手，又从芜湖请来一个熟练工人，取烟、兑(duì)水、和(huó)胶。

父子俩都对这项新事业寄予了很大的希望，父亲总管一切，黄宾虹则找来《墨史》、《墨谱》，以及明朝和清初名墨的拓(tà)本（book of rubbings），研究墨模。黄宾虹和制墨工人相处融洽(róngqià)，有时还托那位家住芜湖的工人，从芜湖书坊(fāng)里买几本书。他不仅协助制墨，还为推销墨锭(dìng)（指块状的墨）东奔西走，同时依旧坚持读书作画。

因资金流转迟缓(chíhuǎn)，黄家父子经营徽墨甚(shèn)是艰难。不过，父子俩心里却很平静。黄宾虹仍是一面专攻书画，一面参与制墨。不料1891年4月初，那位芜湖的制墨工人却突然不辞而别了。黄家父子虽觉有些蹊跷(qī qiāo)，却因没有损失，倒也没放在心上。谁知有一天，省里的公差（public official）突然来到潭渡，找到深居简出的黄宾虹，要抓他去省城安庆。黄定华虽是见过世面的老人，却也不免着急，当即跟到安庆，找亲友设法营救(yíng jiù)。他打听到安徽巡抚(xún fǔ)（procurator）好(hào)玩儿古董，便把家藏的汉朝玉佩送上，加上黄宾虹的老师汪宗沂(yí)与巡抚相识，黄宾虹才被放回。原来那位芜湖工人参与了火烧耶稣(yē sū)堂事件。

飞来横祸(hènghuò)，使黄家父子着实受了些折磨，黄定华老人已对世事丧失了兴趣，黄宾虹也不再安于目前的生活，于是黄家的制墨业就此结束。黄宾虹为避无稽(jī)的流言蜚(fēi)语，便离乡远行，走上了新的未知的人生历程。

人生百态

报　警

一天深夜，值勤的警官罗伯特接到一个报警电话。打电话的人自称在第十三区，他从夜总会出来后，发现自己车里的方向盘、刹(shā)车、加速器等都让小偷给卸(xiè)去了。

罗伯特表示将立刻前往出事地点。

就在他开动巡逻(luó)车准备出发的瞬(shùn)间，电话铃又响了起来，罗伯特接起电话，打电话的仍是刚才那位报警的人，“实在对不起，先生，您不用来了。我喝多了，刚才一阵冷风吹来，我才发现自己原来是坐在车里的第二排座位上。”

报警：call the police

值勤：(of soldiers, policemen, etc.) be on duty providing security or order

瞬间：in an instant

瞎子和太阳

有一个人生下来就是瞎子，从来没有见过太阳。

一天，他问别人："太阳是什么样子的呢？"那人告诉他："太阳的样子像个铜盘。"他敲了敲铜盘，记住了铜盘的声音。过了几天，他听见敲钟的声音，以为这就是太阳了。

后来又有人告诉他："太阳是会放光的，就像蜡烛能发光一样。"他摸摸蜡烛，辨认出了蜡烛的形状。过了几天，他摸到了一枝笛子，又以为这就是太阳了。

瞎子：blind person
铜盘：copper plate
钟：bell
蜡烛：candle
笛子：flute

第6课

骗子

某商人在客店投宿，闷得发慌，好在有店主跟他闲聊。商人随便说了句：“看天色明日可要刮风！”店主马上大声喝(hè)道：“这里的官府正在缉(jī)拿预测天地风云、妖言惑众的江湖术士。好！跟我见官去！”商人胆小怕事，苦苦恳(kěn)求，最后送了五十两银子给店主才算没事。

过了几天，店主指着昏黄的月亮问商人：“客官，客官，明天有风还是有雨啊？”商人苦笑道：“不是风，不是雨，是个骗人银子的大圈套！”

投宿：seek temporary lodging, put up for the n

闷：feel bored　　闲聊：chat

缉拿：arrest, apprehend

妖言惑众：spread fallacies to deceive people

江湖术士：imposter, charlatan

客官：*a respectful term of address for guests at a hotel in old times*

圈套：snare, trap

第7课

记叙文——记物

一 课文

什么是记叙文？（重温）

记叙文是对发生的事情进行详细、清楚的交代，或是将人物的言行、经历细致地描绘出来，记事和记人都是记叙文的常见题材。写记叙文的时候，我们必须交代事情发生的时间、地点、人物及事情经过。

怎样写记物的记叙文？

记物的记叙文，写作对象以物为主，范围比较广，可分为动态、静态两种。静态如描述日月星辰、镜子、书包、窗户、花卉，等等；动态如描写虫鱼鸟兽，等等。写作的目的是让别人与我“共享”我对这一事物的“感觉”，包括：喜欢、高兴、愉快、同情、愤怒、痛恨、悲哀、伤感、厌恶等。

写作时应注意以下几方面：

1. 先对该物的外形、性质、功用、特色等材料，依照观察的顺序或其他特定的顺序，进行安排列举。

2. 接着叙述该物与“我”之间的情理关系，最后写出感想。

3. 我们描写物体时，它们本无意识，但是它们在我们笔下所表现的形态，跟我们的心理活动有关。记叙的对象虽然是“物”，其实有“我”在内，而且“我”的重要性，更甚于物。

4. 身边的物品虽多，必须选择富有特殊情感或意义的来写。要把一件别人眼中的平凡物品，写得动人心弦，必须对该物品仔细观察、研究，深刻描绘，最好赋予它一段感人的“物外之情”，以增加文章的内涵。

二 范文

叶子

从今年春天到现在，我无意间观察到了叶子的一生。

春天仿佛是叶子的童年。在这个百花争艳的季节里，叶子，悄悄地露出了嫩绿色的脸。在各种树的枝头上，到处都有叶子渺(miǎo)小的身影。叶子虽然是渺小的，但是也给春增添了许多生机。

后来，叶子渐渐地长大。在炎热的夏天里，无数的叶子聚集在一起，好似一把翠(cuì)绿的大伞，默默无闻地为人们遮挡炎(yán)热的阳光，为人们提供躲避(bì)风雨的场所。叶子虽然没有花那样鲜艳、美丽，但人们却依然喜爱它。这就像是叶子的中年。

然后，秋季来临了，天气转凉。这时，叶子的晚年到了。叶子越来越枯黄、憔悴。有的叶子已经到了生命的尽头，被风无情地吹离树枝，像一只只黄蝴蝶在空中飞舞，继而飘落在地上。有的被人们踩来踩去，有的被小孩子做成了树叶剪贴画，有的则被人们收集起来经过加工制成了很好的肥料……

就这样，叶子默默地奉献了自己的一生。春天，使春充满生机；夏天，给人们遮挡阳光，为他们提供躲避风雨的场所；秋天，叶子更是无私地奉献出自己的生命……

同学们，当你们看到叶子的一生是怎样度过的时，你们是不是想到了些什么呢？

仙人掌

mò
沙漠，一个熟悉的词语。但对于我们而言，那是一个神秘、陌生而又恐怖的地方。在这片广袤(mào)无边的黄色天地里，乍然出现在眼前的星星点点的绿色，是多么令人欣喜若狂啊！

仙人掌——沙漠中的绿色生灵，它并不高大的身姿顽强地挺立在无边的沙漠上。在风沙肆虐(sì nüè)中骄傲地伸展着自己的腰肢，茁(zhuó)壮成长着，为茫茫(máng)的沙漠增添了一丝绿色的生机。

它浑身上下长满刺，不像花儿那样美丽，但它做出了花儿所无法比拟的贡献：入药、做菜、净水……最可贵的是它呈现给沙漠过客生命的绿色、生存的希望，为饥渴难耐的沙漠过客献上甘美的汁液。花儿呢？花开时鲜艳美丽，花落时残花满地，徒增伤感。昙(tán)花一现，虽然美丽异常，却是如此短暂。

仙人掌就像那田间的农民，不怕风吹日晒，在严寒酷暑中默默奉献。而花儿则像是千金小姐，每日都在温室里享受着无风无雨的生活，吮(shǔn)吸着甘露，吸收着养料，偶遇风吹雨打，就会马上败下阵来。

仙人掌生活在沙漠，环境恶劣，但它照样四季常青；花儿生活在温室，和煦(xù)的阳光、甘美的雨露，照样留不住短暂的灿烂(làn)。

我们个个都是独生子，是爸爸妈妈的掌上明珠。一个个都像温室里的花朵，经不起风吹雨打，面对困难与挫折，只会退缩不前。我们要学习仙人掌的精神，面对肆虐黄沙、恶劣环境却不言屈服的精神。

生活中的酸甜苦辣来自于困难与挫(cuò)折，正如菜的味道来自于调料一样。平淡的饭菜是不可口的，平淡的人生是不精彩的。生活因为有了困难与挫折，才变得多彩。

我们在成长的道路上会遇

到各种各样的困难，我们要学会克服困难，决不轻言放弃，面对挫折决不灰心，风雨过后，迎来的将是绚丽的彩虹！如同四季常青的仙人掌一样，我们要让自己时时散发着独特的人格魅(mèi)力，坚毅、乐观、自信，懂得生活正是因为困难与挫折才变得多姿多彩。让我们在这多姿多彩的生活中，用仙人掌精神来迎接各种挑战吧！

梅(méi)花香自苦寒来

我是一棵梅花树，我生活在一个叫勾(gōu)践的人的院子里。听别人说他是一个国王，我却一点儿也不相信，哪有国王把茅(máo)草当作床铺，哪有国王每天都要尝苦胆的呢？

我在这里已经待了三年了，听妈妈说，我今年就要开花了，我高兴得不得了。春天到了，我拼命地发芽生长，我要开花了，我想。迎春花开了……桃花谢了……我依然没有一个花蕾(lěi)，炎热的夏天晒得我头好晕，我什么时候才能开花呢？我往屋里一望，我的主人正在尝苦胆，我不禁打了个寒战——太苦了吧！

秋天到了，我的叶子飘落了，唉，看来我的花是开不了了。

一天，我的主人走到我身边，他在我身旁伫(zhù)立良久。我看到他那深邃(suì)而坚毅的目光，不禁心里一颤，他似乎要从我身上看出些什么呢！

北风劲吹，雪花纷飞，我站在院子里直打寒战。我要死了，我想，我还没有开花就要死了。梅花是世界上最好的花，她温文尔雅，徐发暗香，多美好啊！可是我却永远不能拥有她了，这难道就是我的

命运吗？我就这样了此一生吗？……不，不，我决不能这样，我不能就这样死去。我一定要开花！

院子里进出的人突然增多了。每日每夜，主人都和他们谈论着什么。夜深人静时，主人躺在茅草上，直瞪瞪地看着我。

天越来越冷了，我真的快支撑(chēng)不住了。

一天夜里，主人又一次尝了苦胆，他走到门外，站了一会儿，突然仰天长啸(xiào)：“我一定要复国！”啊！他真的是国王，一个国王竟然尝苦胆、卧茅草，我的心被深深震撼(zhènhàn)了。我也不禁想大喊：“我要开花！”

几度风雪，我硬挺了过来。一天，我突然发现我的主人不见了。又过了几天，我惊喜地发现我身上长出了几个花蕾，并且越来越多。一场大雪中，我开花了，我开花了！缕(lǚ)缕清香，令人如痴(chī)如醉，我不禁陶醉了。这时，一个身穿黄袍的人走进院子，是我的主人，他走到我面前，用深邃而坚毅的目光盯着我，“我勾践立誓，不战胜吴国，誓不生还，出发！”我听见院外战马奔腾的声音越来越大，然后又越来越小，逐渐消失了。

整个院子充满了香气。

三 语法——词类（六）

连词：连接词、词组或句子，表示某种关系的词。

1. 表示联合关系：和 跟 与 同 及 而 或 或者 并 并且

例句：你说或者我说都可以。

2. 表示偏正关系：如果 只要 因为 所以 虽然 但是 因此 即使 不但 而且

例句：即使他不能来，我们也必须继续排练。

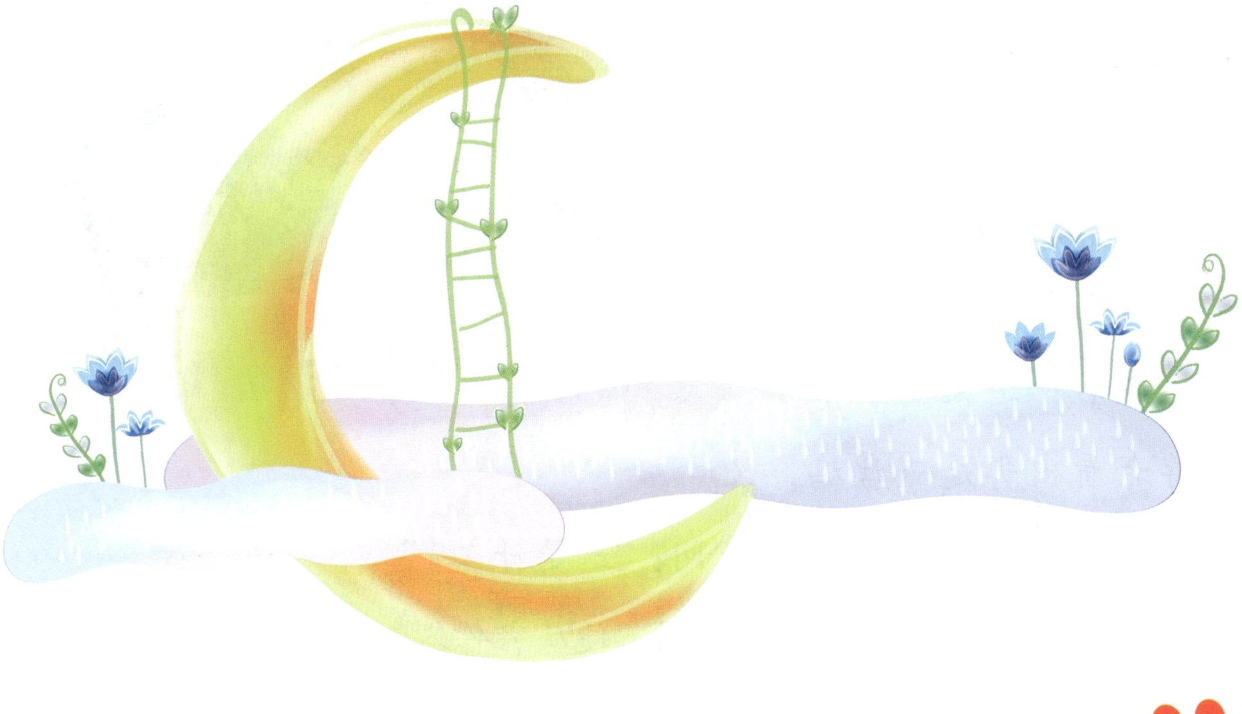

阅读

一 智慧之光

鸭的朋友

一家餐馆以“鸭全席”驰名欧洲，一位中国旅游者慕名而至。服务员上菜时，每端来一盘菜总要解释，“这是鸭翅。”“这是鸭胸。”“这是鸭腿。”……得意之色溢于言表。

最后一道菜端上来了，旅游者看出那是一盘鸡，又不便明说，便叉起一块，故意问：“这是什么？”

“鸭——”服务员只尴尬(gāngà)片刻，便从容作答：“这是鸭的朋友。”

汤的汤的汤

阿凡提的一位朋友给他带来一只兔子，阿凡提高兴地将兔子做成菜，请那位朋友吃了一顿饭。

过了几天，那位朋友又来了。阿凡提又拿兔汤招待了他一顿。

又过了几天，有五六个人来拜访阿凡提，说他们是送兔子的那位朋友的朋友。阿凡提十分客气地请他们进屋，又拿汤茶招待了他们。

一个星期之后，又有八九个人来找阿凡提。阿凡提问他们都是谁，他们回答说：“我们是送给你兔子的朋友的朋友的朋友。”阿凡提忙说：“好啊，很好。”然后彬彬有礼地把这些客人请进屋里，给他们每人端上来一碗泥水。

客人们诧(chà)异地问：“这是什么？”

阿凡提笑着说：“这是那位朋友给我送来的兔子的汤的汤的汤。”

阿凡提：Effendi, a legendary wise man

拜访：call on someone, pay a visit to someone

彬彬有礼：refined and courteous, polite

诧异：surprised, astonished

骗出门外

朱古民机智、诙谐(huī xié)。一天，他的朋友汤生对他说："都说你机智灵巧，现在我在屋里，你能不能把我骗到屋外去？"

朱古民摇摇头说："屋外天寒地冻，很难骗你到外面去；要是你在外面，我就有办法骗你进来。"

汤生听了，立即走到门外，大声对朱古民说："看你怎样把我骗进屋里去！"

朱古民拍手大笑，说："哈哈，我已经把你骗到屋外去了！"

机智：quick-witted, resourceful

诙谐：humorous, funny

灵巧：smart

二 趣味作文素材

天道酬（chóu）勤

没有人能只依靠天分成功。上帝可以给予一个人天分，但只有勤奋才能将天分变为天才。

曾国藩（zēng fān）是中国历史上最有影响的人物之一，但其实他的天赋（fù）并不高。有一天他在家读书，一篇文章重复读了不知道多少遍，还是背

不下来，于是整个晚上他就一直读。这时候他家来了一个贼，潜(qián)伏在屋檐(yán)下，希望等读书人睡觉之后捞(lāo)点儿好处。可是等啊等，就是不见他睡觉，还是翻来覆去地读那篇文章。贼人大怒，跳出来说：“这种水平读什么书！”然后将那篇文章背诵了一遍，扬长而去！

“勤能补拙(zhuō)是良训，一分辛苦一分才”，那贼的记忆力真好，听过几遍的文章就能背下来；而且很勇敢，见别人不睡觉居然敢跳出来“大怒”，教训曾先生之后，还要背书。但是遗憾的是，他名不见经传。曾先生后来启用了一大批人才，按说这位贼人与曾先生有一面之交，大可去施展一二，可惜，他的天赋没有加上勤奋，变得不知所终。

温馨提示

伟大的成功和辛勤的劳动是成正比的，有一分劳动就有一分收获，日积月累，从少到多，奇迹就可以创造出来。

第8课

黄山奇松

一 课文

被誉为“天下第一奇山”的黄山，以奇松、怪石、云海、温泉“四绝”闻名于世，而人们对黄山奇松，更是情有独钟。山顶上，陡(dǒu)崖边，处处都有它们潇洒(xiāo sǎ)、挺秀的身影。

“黄山无峰不石，无石不松，无松不奇”，黄山到处都是花岗岩(gāngyán)，而从这坚硬的花岗岩中，居然还能长出松树，这不能不说是一奇了。

黄山是松树的海洋，有“峰峰石骨峰峰松”之说。黄山松，生于危崖，立于绝地，形态奇美，神韵(shényùn)非凡，是在大自然优胜劣汰(yōushèng liè tài)法则下脱颖(tuōyǐng)而出的天之骄子，是黄山的奇绝景观。有人说，黄山之美始于松，故奇松位列“四绝”之冠。

黄山松——安徽省的省树，这一植物学上的独特品种，大多生长在海拔800米以上的高山上。它以坚石为母，云雾为乳，在极艰难的环境中缓慢生长。一株(zhū)外形矮小的黄山松，树龄往往也在几百年，甚至千年以上。

黄山松与其他松树品种不同，大多不滋(zī)生于土，而盘根于危岩(wēiyán)峭壁(qiào bì)之中，挺拔于峰崖绝壑(jué hè)之上，破石而生，傍崖(bàng yá)而长；松针短粗而稠(chóu)密，叶色苍翠(cāng cuì)而泛(fàn)光；虬(qiú)枝盘结，树冠扁平，傲然挺拔，形态奇特。小松不盈(yíng)尺，巨松高数丈。那姿态美得奇，又奇得绝。黄山松侧枝多呈水平方向伸展，松针则如被修剪过似的，平平整整，清清爽爽。

由于自然的造化，每株松树又各具仪态，苍劲多姿：或耸(sǒng)立挺拔，或翠枝舒展，或虬根盘曲，或矫健威武。如探海凌波的“探海松”，引客入净土仙境的“接引松”，形如草体“虎”字的“黑虎松”，如情侣相依而立的“连理松”，裸(luǒ)根似盘龙五爪的“龙爪松”，盘曲生长、伏卧昂首的“卧龙松”，以及长有56棵枝桠(yā)，象征着中华民族大家庭的“团结松”，等等，无不令人拍手称奇。前人有九大名松，或十六大名松之说。现在游人可观赏的名松，约有24株。如迎客松、送客松、探海松、黑虎松、卧龙松、龙爪松、蒲团松、双龙松、凤凰松、接引松、麒麟(qí lín)松、大王松、团结松、连理松、辕(yuán)门松、孔雀松、扇子松、贴壁松，等等。

黄山最妙的观松处，当然是曾被徐霞客称为“黄山绝胜处”的玉屏楼了。楼前悬崖上有“迎客”、“陪客”、“送客”三大名松。迎客松姿态优美，枝干遒(qiú)劲，虽然饱经风霜，却仍然郁郁苍苍，充满生机。它有一丛青翠的枝干斜伸出去，如同好客的主人伸出手臂，热情地欢迎宾客的到来。如今，这棵迎客松已经成为黄山奇松的代表，乃(nǎi)至整个黄山的象征了。陪客松正对玉屏楼，如同一个绿色的巨人站在那儿，陪同游人观赏美丽的黄山风光。送客松姿态独特，枝干蟠(pán)曲，游人把它比作“天然盆(pén)景(jǐng)”。它向山下伸出长长的“手臂”，好像在跟游客依依不舍地告别。

黄山松千姿百态。它们或屹(yì)立，或斜出，或弯曲；或仰，或俯，或卧；有的状如黑虎，有的形似孔雀……它们装点着黄山，使得黄山更加神奇，更加秀美。

二 认读词语

情有独钟	show special preference to
潇洒	natural and unrestrained, elegant and unconventional
花岗岩	granite
海洋	sea, ocean
非凡	exceptional
脱颖而出	stand out from the rest
海拔	altitude
峭壁	cliff
绝壑	abyss
苍翠	lush, luxuriantly green
虬枝	curling branch
傲然	proudly
清清爽爽	refreshing
耸立	tower
虬根	curling root
威武	powerful, mighty, stately
仙境	fairyland
蒲团	cattail hassock
陡崖	bluff, steep cliff
挺秀	tall and graceful
松树	pine (tree)
神韵	romantic charm
优胜劣汰	survival of the fittest
天之骄子	God's favoured son
滋生	breed, grow
挺拔	tall and straight
稠密	dense
泛光	shimmer
盘结	coil, wind
盈	be full of, reach
苍劲	old and strong
舒展	extend, stretch
矫健	strong and vigorous
净土	Pure Land
枝桠	branch, twig
麒麟	kylin, a mythical creature in Chinese legends

辕门	the outer gate of a government office in ancient times	遒劲	powerful
饱经风霜	weather-beaten	郁郁苍苍	lush
生机	vigour, vitality	乃至	and even
象征	symbol	蟠曲	twisting
盆景	bonsai, potted landscape	屹立	stand erect

三 本课相关资料

被誉为“天下第一奇山”的黄山，以奇松、怪石、云海、温泉“四绝”闻名于世。黄山雄姿灵秀，气势磅礴，是著名的旅游圣地。明代大旅行家徐霞客更是留下了“五岳归来不看山，黄山归来不看岳”的千古名句。

四 课堂口头造句练习

★请同学们先举手

1. 神韵非凡 ______________________

2. 优胜劣汰 ______________________

3. 脱颖而出 ______________________

4. 天之骄子 ______________________

5. 清清爽爽 ______________________

6. 充满生机 ______________________

五 课堂先描后写

★ 请同学们注意笔画、笔顺

黄山最妙的观松处，当然是曾被徐霞客称为“黄山绝胜处”的玉屏楼了。楼前悬崖上有“迎客”、“陪客”、“送客”三大名松。迎客松姿态优美，枝干遒劲，虽然饱经风霜，却仍然郁郁苍苍，充满生机。它有一丛青翠的枝干斜伸出去，如同好客的主人伸出手臂，热情地欢迎宾客的到来。

六 语法——词类（七）

副词：修饰或限制动词和形容词，表示程度、范围、语气、时间、频率、否定等，但不能修饰或限制名词的词。

1. 表示程度：很 太 最 极 挺 十分 非常

   例句：我挺喜欢这个歌舞剧的。

2. 表示范围：都 全 只 仅 单 仅仅 统统 一律

   例句：仅仅来听一次讲座是不够的。

3. 表示时间：正 刚 已 已经 曾经 将要 终于 早晚

   例句：我曾经学过中国功夫。

4. 表示频率：常 常常 逐渐 渐渐 往往 屡次 再三

   例句：秋天来了，树叶渐渐变黄了。

5. 表示否定：未 不 没有 别

   例句：他并未同意你的说法。

6. 表示语气：岂 难道 究竟 毕竟 到底 果然 何尝 何妨

   例句：我何尝不想留下来？

助词：附着在实词、短语或句子后，表示某种附加意义，或在造句中起辅助作用的词。

1. 结构助词：的 地 得 所

例句：小兔飞快地跑了。

2. 动态助词：着 了（在句中时） 过

例句：吃着碗里的，看着锅里的。

3. 语气助词：了（在句末时） 吧 吗 呢 啊

例句：我真没想到，这部电影这么好看呢！

4. 比拟助词：似的 一样 般 一般

例句：他与我一般高。

阅读

一 黄山的故事

梦笔生花的传说

北海散花坞（wù）（a depressed place）左侧，有一座孤立的山峰，形同笔尖朝上的毛笔，峰顶巧生奇松如花，故名“梦笔生花”。

传说，有年春天，诗人李白来到黄山，见到北海山峰竞秀，景色奇美，禁不住诗兴大发，昂首向天，高声吟道：“黄山四千仞（rèn）（*an ancient measure of length, approximately equal to 160-180 centimeters*），三十二莲峰；丹崖夹石柱，菡萏（hàndàn）（lotus bud）金芙蓉……”

这声音惊动了狮子林禅（chán）院（Buddhist temple）的长老。他走出山门，细细一看，只见一位白衣秀士，风度潇洒，便上前施礼，询问尊姓大名。得知这位不凡之客原来是“长安市上酒家眠，天子呼来不上船”的“诗仙”李白，长老急忙吩咐小和尚抬来用清泉酿制的米酒，还拿来文房四宝。长老盛满(chéngmǎn)了一杯酒，双手捧上，敬给李白。李白慌忙还礼，双手接过，一饮而尽。二人席地而坐，纵谈诗文，开怀畅饮。李白深感长老待人诚恳，意欲草书作诗相赠，作为答谢之礼。长老大喜，小和尚们研墨的研墨，铺纸的铺纸。李白趁着酒兴，奋笔疾书。长老和小和尚们站在一旁，对李白遒劲的大字都赞叹不已。李白写完，还有三分酒意，便将毛笔顺手一掷(zhì)，那毛笔翻翻摇摇，从空中落下插入土中。之后李白告辞而去。

长老送走李白，回来一看，不禁大吃一惊，刚才李白掷下的毛笔已化成一座山峰，笔尖化成了一棵松树，矗(chù)立在散花坞中。这就是如今人们见到的“梦笔生花”。

二 智慧之光

画鬼最易

有一个画家为齐王画像。

齐王问他："比较起来，什么东西最难画呢？"

"画狗、画马，都是最难的。"画家答道。

齐王又问："画什么最容易呢？"

画家道："画鬼是最容易的。"

齐王很惊讶，问："这是为什么呢？"

画家回答："因为狗和马人人看得见，天天摆在面前，要画得惟(wéi)妙惟肖(xiào)，就很不容易。至于鬼呢，无影无形，谁也没见过，那就随我怎样想、怎样画，谁也不能证明它不像鬼，所以画起来就最容易了。"

齐王：the state ruler of the Kingdom of Qi, a kingdom which was established around the 11th century B.C.

惟妙惟肖：remarkably true to life, absolutely lifelike

龙眼和烟斗

甲乙两人打赌，说好输家给赢家三斗(dǒu)（*a measure word for grain in ancient China, equal to 10 litres*）谷子。

赌的是：龙眼大还是荔枝大？

甲把乙带到庙里去，指着墙壁上画的飞龙的眼睛说："你看，这'龙眼'不是比荔枝大得多吗？"

乙只好认输，于是他用米筒（a small cuplike tool for measuring rice）装了半筒谷子给甲，说："懒得细量了，多给点儿算了。"

甲瞪大眼睛说："你输的是三斗谷啊，怎么就这么一点点？"乙慢吞吞地拿出了一只烟斗，把米筒里的谷子倒出来，边量边报数："一斗，两斗，三斗……"

打赌：bet　　输家：loser
赢家：winner　　龙眼：longan, a kind of fruit
荔枝：litchi, a kind of fruit
瞪：open one's eyes wide, stare
慢吞吞：slowly, unhurriedly
烟斗：pipe

个个受刀伤

有个住店的商人买了一块肉，想请店家给他炒了，但又怕店家偷吃，于是便把肉切成方方正正的三十二块，交给店家。

店家悄悄把每块肉切去一半。

肉炒好了。商人一看，肉堆小了。数了一下，三十二块，一块不少。但仔细一看，每块肉都是被“做了手脚”的。于是，他给店家送了一首诗：

出兵三十二，
回来十六双。
人马都还在，
个个受刀伤。

店家：inn keeper, shopowner

悄悄：quietly, with as little noise as possible

做手脚：play a dirty trick

第9课 记叙文——记景

一 课文

什么是记叙文？（重温）

记叙文是对发生的事情进行详细、清楚的交代，或是将人物的言行、经历细致地描绘出来，记事和记人都是记叙文的常见题材。写记叙文的时候，我们必须交代事情发生的时间、地点、人物及事情经过。

怎样写记景的记叙文？

1. 重点提示

写记景的记叙文应着重对周围的环境进行细致的描绘，但不能毫无选择地把所见的景色全写下来，必须运用摄影的原理，选择特殊的画面，以独特的角度摄取，才能产生有艺术价值的作品。所写的景不一定要有客观上的美感，但一定要有主观心境的感受，也就是对眼前的景色，心灵上要有悟有得，最好能触景生情，进而情景交融。

写景切忌只写景色的表象之美，要写出你个人的感悟，文章才能彰显独特的才思与风格。当然，写景也不能只是静态的呈现，写百花盛开时，也应该写蜂飞蝶舞；写鸟语花香时，最好也有游客穿梭不绝，这样的画面才会生动有趣。

2. 写作步骤

1）按游览的顺序描写景物。

写作时，要在认真观察和记忆所游览景物的基础上，按照看到景物的次序，来描写所看到的景物。这样才能做到条理清楚、自然、明白，不至于杂乱。观察景物，通常有两种方法。一种是定点观察，如站在公园某一角，对公园进行由远及近的观察。又如我们登上塔顶，从东南西北四个方向对塔下景物进行观察。另一种是移动观察，又叫移步换位法，就是随着脚步的移动变换位置，一处一处地进行观察。选好了观察点，就是确定好了描写的顺序。

2）抓住游览重点，详写过程。

一次参观游览活动，看到的景物很多，我们不能记“流水账”，要对看到的景物中印象较深的进行重点详写，其余的可以写得简略些。我们在参观游览时，要抓住景物的特点，仔细观察。对于我们看到的特别好的景物，要进行具体的描写，突出重点。对于重点的景物，要注意详细描写出它们的位置、大小、颜色、静态、动态等。

3）略写前后，情、理、景相结合。

我们在写记景的记叙文时，应把开头和结尾写得简略些。开头要交代清楚时间、地点和人物。写作时，我们要倾注自己的思想感情，在写景的同时，或探索人生真谛，或谈论思想问题、治学精神，使读者在领略自然风景的同时，受到启迪和教育。

二 范文

雾中登黄山

我见过雄伟壮丽的五岳，也到过挺拔险峻的庐山，可让我最忘不了的是雾中的黄山。

去年暑假，我随爸爸游览了令人向往的黄山。俗话说：“五岳归来不看山，黄山归来不看岳。”在去黄山的途中，一路上我就像一只刚出壳的小鸡，叽叽喳喳说个不停，异常兴奋。

“到了，终于到了！”经过七个多小时的车程，我们到达了位于安徽省黄山市的黄山脚下。稍事休息之后，导游告诉我们：“气象预报说，明天天气不错，我们凌晨四点出发，乘缆车上山！”我听到这个令人振奋的消息，高兴得一蹦三尺高。

第二天凌晨，天空还未露出鱼肚白，我们就登上了缆车。此时的黄山就像一位穿着蓝色睡袍的姑娘，朦朦胧胧的。随着缆车的上升，夜色渐渐退去，当我们到达半山腰时，东方拂晓，晨曦初露，那山崖很快就显得清楚起来。山顶郁郁葱葱的松林，山间红似火的枫林，山下淙淙的清泉，都清晰地映入眼帘，真有一种置身于仙境的感觉。登上山顶，漫步游览，仿佛置身于美丽的花园之中，各种美景应有尽有。旭日中“迎客松”苍劲挺拔，热情地迎接来自世界各地的游客。形状奇异的峰石，高大雄伟的松树，无一不是大自然鬼斧神工的杰作，到处都是云奇山异的壮丽景色，令人目不暇接，真是美不胜收。

可是好景不长，我们刚来到莲花峰，忽然间一阵山风吹过，渐渐下起了小雨，顿时漫山遍野涌起了阵阵浓雾，一下子就把眼前的景物都遮住了。我嘟着嘴，心里感到很不高兴。爸爸在一旁自言自语地说：“雾中的黄山真是别有一番风味呀！”听了爸爸的话，再看雾中的黄山，果然另有一种风情。雾一会儿浓，一会儿淡；雾流动时一会儿快，一会儿慢，变幻莫测。此时的黄山就像是一位蒙着面纱的神秘少女，正跳着精灵的舞蹈，美丽的面容在山风和浓雾中若隐若现，真像是一位雾中仙子。眼前的美景，真是如梦如幻。

快到中午的时候，我们总算到达了光明顶。但是雾仍然很浓，远处的景色什么也看不清楚，我们感到有些美中不足，甚至略带着几分沮丧。就在我们正遗憾地准备离开的时候，突然间阳光穿云而出，云雾瞬时不知飘到哪里去了，天空立即变得晴朗起来，人们不约而同地发出一阵欢呼。循声望去，只见远处是铺天盖地的云海，绚丽的云海托起山峰，有高有低；缥缈的云雾环绕山腰，错落有致。满山的翠绿在云海的映衬下，如诗如画般美丽，大有天下美景尽归黄山之感。置身其中，真是如临仙境，让人流连忘返。

我爱黄山，我更爱雾中的黄山！

阿里山上看日出

早上，天还没亮，饭店的电话就把我们叫醒了，要我们赶快准备，好跟大家到山顶去看日出。我和妹妹跟着爸爸妈妈出门一看，才发现外面还是一片漆黑，只有附近的旅社亮着点点灯火。

车到了山顶，只见处处都是走动的黑影，原来车外早已挤满了看日出的游客。我们下了车，就站在人群里，静静地等着。

不久，东方天色渐渐明朗，层层浮云的背后，隐隐透出亮光。我想，日出的奇景马上就要开始了，心里又是高兴，又是期待，目不转睛地看着天空。

先是灰云变成紫云，紫云又转成红云，红云逐渐变成橘色，橘色的云逐渐闪耀金光。就在这金光闪闪的浮云背后，忽然升起一个熊熊的火球，一下子光芒四射。我们等待的太阳出来啦！

我转过头去，向旁边一看，山边白云涌起，像千堆雪，又像成群的绵羊，更像朵朵浪花。想不到高空突然出现大海，群山变成海上的小岛，真使人看得又惊又喜。

爸爸说："这就是阿里山有名的日出和云海，现在你总算亲眼看到了吧！"

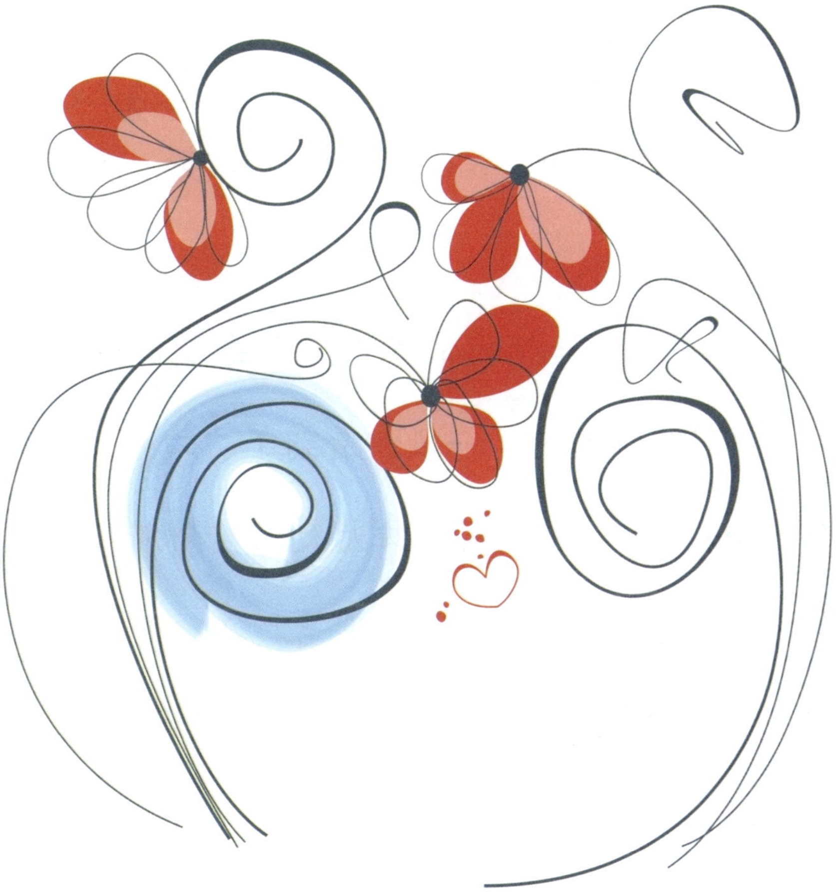

少林功夫

放假了，我和爸爸妈妈去龙门石窟、白马寺、少林寺、关林、黄河小浪底痛痛快快地玩儿了一次。其中最吸引我的要数少林寺了！

走在通往少林寺的路上，只见马路两边有好多学生在老师的带领下表演少林功夫，一会儿“哼！”，一会儿“哈！”，这刚劲有力的声音一下就把我吸引了！我情不自禁地停下脚步，看着他们表演，心里真羡慕啊！

到了少林寺，导游开始领我们参观。首先我们看到了高大魁梧的“哼哈”二将。我们又往前走了一段，看到了“四大天王”，它们的脚下还踩着四个“小人”。导游说，“四大天王”分别是“风、调、雨、顺”，他们脚下踩着的四个“小人”分别是“妖、魔、鬼、怪”。

再往前走，我看到了一个大殿，里面有好多好多大坑，我数了数，一共有49个坑，每一个都足有30厘米深，听导游说那些大坑都是少林寺的和尚练功踩出来的。我情不自禁地感叹：“真有毅力啊！”

我在殿外还看到了一棵大树，上面有好多手指头一样粗的洞，听导游说这棵树是“光棍树”，只开花不结果，就像和尚不结婚一样，上面的洞是和尚练“二指禅”留下的。这棵树的年龄和少林寺的年龄一样大，大约1959岁了。

回来的时候，我们走进了“少林武术馆”，在那里看到了大型少林功夫表演。

以前我还以为气功什么的都是传说，这次在少林寺我亲眼看到三个少林小子表演气功，才相信气功不是传说。只见那三个少林小子先把气运好，其中两个人用枪顶着另一个人的喉咙，一齐喊“一、二、三！”随着“哈”的一声，顶在喉咙上的枪被折弯了，这时他们身后又出现一个人，拿了根大棍子，使劲打在那个少林小子的后背上，只听“啪”的一声，棍子断了，同时枪也断了，大家不约而同地鼓起掌来。后来，他们还表演了针穿玻璃、蛤蟆功、螳螂拳等功夫，真让我大开眼界。

少林寺的功夫可真棒啊！中国的传统文化真是博大精深，我要好好学习，将中国的文化精髓发扬光大！

三 语法——词类（八）

叹词：表示感叹、呼唤、应答等的词。

啊 哎 哎呀 哎哟 哦 呸 喂 嗯 哈哈

例句：哎哟，谁踩到我的脚啦。

拟声词：模拟事物的声音的词。

咚 砰 哗啦 扑通 沙沙 咣当 叽里咕噜 稀里哗啦

例句：他们俩叽里咕噜地说了半天。

阅读

一 人间百态

让小偷关门

从前，有个小偷，某天夜里到一户穷人家偷东西。他钻进屋里摸了大半天，也没发现有一样东西可偷，只好打开门朝外走。小偷刚迈出门槛，那穷人家的主人便在床上大声喊道："那汉子，你给我关上门再走！"

小偷回过头来，没好气地说："你怎么这样懒，难怪你家里什么也没有！"

那人躺在床上，颇为得意地冲小偷说："你巴不得我勤快，好挣下东西给你偷！"

门槛：threshold　　汉子：man, fellow

颇：quite, rather, considerably

得意：pleased with oneself, proud of oneself

巴不得：be anxious to do sth., earnestly wish

得来不易

被告人向他的辩护律师许诺说："如果你有本事使我可以只蹲半年监狱，那么你将得到额外的一千块钱酬金。"

被告人终于如愿以偿。

律师一边收钱一边说："这可真是棘手的活儿，本来法官想判无罪释放的。"

被告人：defendant

辩护律师：defense lawyer

许诺：promise

监狱：prison, jail

额外：extra, additional

酬金：reward, remuneration

如愿以偿：achieve what one wishes

棘手：thorny, troublesome, knotty

改姓

姓，是世代相传不可更改的。可何某三十多岁了却要改姓。

一天，何某唉声叹气地对父亲说："我不姓何了，改姓可吧。"父亲问他为什么改姓，他说："我的身边少了一个人啊！"父亲会意了，答应马上托媒人为他说亲。

找了好几年，媳妇一直没找到，他又对父亲说："我不姓可，姓丁算了。"父亲又问是什么缘故，他说："空口说白话，把那个"口"也去了吧！"又过了几年，他还是单身汉，他愤愤地对父亲说："何字身边少个人，我改姓可；可字去了空口讲白话的口，又改姓丁；连丁勾也勾不着，我干脆连丁勾也不要，改姓一，独自一个过一世算了。"

何某：a person whose surname is *He*

会意：understand, know　　媒人：matchmaker

说亲：act as a matchmaker　　缘故：reason, cause

二 趣味作文素材

生活由你决定

要走出某种难堪的窘境，很多时候，还得靠自己。

有个小孩儿一直很怕蜘蛛。父亲问他为什么怕蜘蛛，他说："蜘蛛太难看了，所以我怕。"仔细推敲这句话，你会得出这样的结论：蜘蛛太难看了，让我害怕。是蜘蛛的问题，不是我的问题。我是没办法的。

父亲又问："是不是所有人都怕蜘蛛？"

儿子回答："不是。你就不怕。我有一个同学也不怕。"

父亲再问："同一个蜘蛛，有人怕有人不怕，那么是由谁去决定怕不怕呢？"

儿子想了想，回答："是人去决定的。"

父亲问了最后一个问题："那你有什么决定呢？"

"哦……"儿子的表情舒展开来，"那蜘蛛没什么好怕的了。"

温馨提示

我们在工作、生活中总会遇到这样那样的“蜘蛛”(困难、挫折)，是恐惧、害怕、厌恶、逃避，还是从容面对，选择决定权在我们自己手里！

第10课 单元复习（二）

课堂朗读，简繁对照练习

第六课（简体） 文房四宝之徽墨

据《徽州府志》记载，徽墨产于唐朝末期。明代，徽墨出口到东南亚一些国家。清代康熙年间，徽州形成了胡开文、曹素功、汪近圣、汪节庵四大墨庄。其中，胡开文墨庄最为兴旺发达，以质地优良、物美价廉占领了徽墨市场，在徽墨行业独占鳌头。胡开文生产的“苍佩室”徽墨被清王朝选为贡品，年年向朝廷进贡，从此徽墨声誉更高。

胡开文墨庄是清代乾隆47年创建的，创建者名叫胡天柱，皖南绩溪人。他从南京乡试考场匾额上看到“天开文运”四个字，从中取了“开文”两字为自己的墨庄命名。墨庄开业后，胡天柱努力提高徽墨质量，千方百计增加徽墨品种。1796年，他聘请徽派画家，到北京将驰名中外的圆明园、长春园、万春园的绮丽风光描绘下来，设计出64幅形态各异的墨模，请专人雕刻成《御园图》集锦墨，重达3.5公斤。这套墨模，在设计、造型、雕刻、制墨、描金、着色等方面，都达到了历史最高水平，成为稀世珍品。以后他又设计出从播种到采摘的《棉花图》，集奇松、怪石、云海、温泉为一体的《黄山图》，以及《西湖名胜图》等一批高档书画图案，制作出的一批墨模深受中外爱好者、书画家、收藏家喜爱，他们纷纷购买收藏，或作为礼品赠送亲友，胡开文徽墨生产进入了鼎盛时期。晚清时期，坐落在北京的圆明园、长春园、万春园三座皇家园林毁于战火，但徽墨《御园图》仍保留至今完好无损，使我们能看到御园风光，欣赏到祖国灿烂的文化遗产。

老师签名：________ 日期：________

第六課（繁體） 文房四寶之徽墨

據《徽州府志》記載，徽墨產于唐朝末期。明代，徽墨出口到東南亞一些國家。清代康熙年間，徽州形成了胡開文、曹素功、汪近聖、汪節庵四大墨莊。其中，胡開文墨莊最爲興旺發達，以質地優良、物美價廉占領了徽墨市場，在徽墨行業獨占鰲頭。胡開文生產的“蒼佩室”徽墨被清王朝選爲貢品，年年向朝廷進貢，從此徽墨聲譽更高。

胡開文墨莊是清代乾隆47年創建的，創建者名叫胡天柱，皖南績溪人。他從南京鄉試考場匾額上看到“天開文運”四個字，從中取了“開文”兩字爲自己的墨莊命名。墨莊開業後，胡天柱努力提高徽墨質量，千方百計增加徽墨品種。1796年，他聘請徽派畫家，到北京將馳名中外的圓明園、長春園、萬春園的綺麗風光描繪下來，設計出64幅形態各異的墨模，請專人雕刻成《御園圖》集錦墨，重達3.5公斤。這套墨模，在設計、造型、雕刻、製墨、描金、着色等方面，都達到了歷史最高水平，成爲稀世珍品。以後他又設計出從播種到采摘的《棉花圖》，集奇松、怪石、雲海、温泉爲一體的《黄山圖》，以及《西湖名勝圖》等一批高檔書畫圖案，製作出的一批墨模深受中外愛好者、書畫家、收藏家喜愛，他們紛紛購買收藏，或作爲禮品贈送親友，胡開文徽墨生產進入了鼎盛時期。晚清時期，坐落在北京的圓明園、長春園、萬春園三座皇家園林毁于戰火，但徽墨《御園圖》仍保留至今完好無損，使我們能看到御園風光，欣賞到祖國燦爛的文化遺產。

老師簽名:________　　　　日期:________

第八课（简体） 黄山奇松

被誉为“天下第一奇山”的黄山，以奇松、怪石、云海、温泉“四绝”闻名于世，而人们对黄山奇松，更是情有独钟。山顶上，陡崖边，处处都有它们潇洒、挺秀的身影。

……

黄山最妙的观松处，当然是曾被徐霞客称为“黄山绝胜处”的玉屏楼了。楼前悬崖上有“迎客”、“陪客”、“送客”三大名松。迎客松姿态优美，枝干遒劲，虽然饱经风霜，却仍然郁郁苍苍，充满生机。它有一丛青翠的枝干斜伸出去，如同好客的主人伸出手臂，热情地欢迎宾客的到来。如今，这棵迎客松已经成为黄山奇松的代表，乃至整个黄山的象征了。陪客松正对玉屏楼，如同一个绿色的巨人站在那儿，陪同游人观赏美丽的黄山风光。送客松姿态独特，枝干蟠曲，游人把它比作“天然盆景”。它向山下伸出长长的“手臂”，好像在跟游客依依不舍地告别。

黄山松千姿百态。它们或屹立，或斜出，或弯曲；或仰，或俯，或卧；有的状如黑虎，有的形似孔雀……它们装点着黄山，使得黄山更加神奇，更加秀美。

老师签名：________　　日期：________

第八課（繁體） 黄山奇松

被譽爲“天下第一奇山”的黄山，以奇松、怪石、雲海、温泉“四絶”聞名于世，而人們對黄山奇松，更是情有獨鍾。山頂上，陡崖邊，處處都有它們瀟灑、挺秀的身影。

……

黄山最妙的觀松處，當然是曾被徐霞客稱爲“黄山絶勝處”的玉屏樓了。樓前懸崖上有“迎客”、“陪客”、“送客”三大名松。迎客松姿態優美，枝幹遒勁，雖然飽經風霜，却仍然鬱鬱蒼蒼，充满生機。它有一叢青翠的枝幹斜伸出去，如同好客的主人伸出手臂，熱情地歡迎賓客的到來。如今，這棵迎客松已經成爲黄山奇松的代表，乃至整個黄山的象徵了。陪客松正對玉屏樓，如同一個緑色的巨人站在那兒，陪同遊人觀賞美麗的黄山風光。送客松姿態獨特，枝幹蟠曲，遊人把它比作“天然盆景”。它向山下伸出長長的“手臂”，好像在跟遊客依依不捨地告别。

黄山松千姿百態。它們或屹立，或斜出，或彎曲；或仰，或俯，或卧；有的狀如黑虎，有的形似孔雀……它們裝點着黄山，使得黄山更加神奇，更加秀美。

老師簽名:__________ 日期:__________

新意中文第十六册考试复习资料

（正式考试时随机抽取其中部分内容，形式相同）

一 造句

1 逍遥自在 ______________________

2 越来越近 ______________________

3 遗憾 ______________________

4 精力充沛 ______________________

5 迹象 ______________________

6 凝聚 ______________________

7 启蒙 ______________________

8 预兆 ______________________

9 浓郁 ______________________

10 驰名

11 畅销

12 稀世珍品

13 神韵

14 脱颖而出

15 情有独钟

16 生机

二 重点练习，准备听写

1. 希望源于失望，奋起始于忧患，正如一位诗人所说：有饥饿感的人一定消化好，有紧迫感的人一定效率高，有危机感的人一定进步快。

2. 别在树下徘徊，别在雨中沉思，别在黑暗中落泪。向前看，不要回头。只要你勇于面对，抬起头来，就会发现，眼前不过是短暂的雨季；向前看，另有一片明亮的天空。

3. 倘若希望在金色的秋天收获果实，那么在寒意侵人的早春，就该卷起裤腿，去不懈地拓荒、播种、耕耘，直到收获的那一天。

4. 爱心是冬日的一抹阳光，使饥寒交迫的人感受到人间的温暖；爱心是沙漠中的一股清泉，使濒临绝境的人重新看到生活的希望；爱心是洒在久旱大地上的一场甘霖，使孤苦无依的人即刻获得心灵的慰藉。

5. 有些记忆被焚烧掉，有些记忆被埋在心底，纯真年代如流星划过记忆的天空。

____

____

6. 母爱是一本我终生无法读完的巨著；母爱是一片我永远也飞不出的天空。

____

____

7. 假如生活中你失败了，请不要将忧伤的泪水写在脸上。失败也是一种收获，生活中最重要的是有一份勇气和十足的胆量。

____

____

8. 夜晚，春风柔和地吹着。我托着下巴，坐在落满花瓣的台阶上，脑海里又浮现出那件难忘的事。

____

____

三 写一篇600字的记叙文，记事、记人、记物、记景都可以

第十六册总词汇表

第1课
夸父逐日

远古	ancient times, remote antiquity	荒野	wilderness
高耸入云	towering	巨人	giant
族	clan, class or group of people or things with common features	心地善良	good-hearted
勤劳勇敢	hard-working and brave	与世无争	vie with nobody, be in harmony with the rest of the world
逍遥自在	easy and carefree	干枯	dried up
难以忍受	unbearable	纷纷	one after another
可恶	hateful	劝阻	try to dissuade
愁苦不堪	extremely worried and grieved	迈开大步	stride
摇晃	quake	抖落	shake off
形成	come into being	拣	choose
鼎足而立	be tripartite	越来越近	closer and closer
越来越强	stronger and stronger	笼罩	enshroud

无比	very, incomparable	欢欣	delighted
双臂	both arms	炽热	blazing
异常	intensely, exceptionally	又渴又累	thirsty and tired
渭河	Wei River	解渴	quench one's thirst
纵横千里	stretch a thousand miles in both length and breadth, extend over a vast area	大泽	big lake
充满	be full of	遗憾	regret
牵挂	care about, concern about	木杖	wooden stick
扔出去	throw, cast	顿时	immediately
郁郁葱葱	lush	茂盛	luxuriant
过客	passerby	遮阴	overshadow
疲劳	tired	精力充沛	energetic
踏上	set one's foot on	反映	reflect
干旱	drought	顽强	tenacious, indomitable
精神	spirit	却	but
记载	keep a record of		

第3课 我的老师

激动人心	exciting, breathtaking	示意	give a sign
迹象	sign, indication	寻常	ordinary

石阶	stone step
纳闷	puzzled
寂寞	lonely
搂	hug, embrace
模仿	imitate
脾气	temper
粉碎	broken into pieces
涌到	gush, flow in large amounts to
朦胧	obscure, dim
灵光	inspirational light
当儿	time, moment
奇妙	wonderful
唤醒	awaken, arouse
脑海	mind, brain
概念	concept, idea
观点	viewpoint
碎片	broken pieces
眼眶	eye socket
难过	feel sorry/upset
穿过	pass through
田野	field
意识	realize
疲倦	tired
预测	forecast, predict
揭示	show, reveal
自豪	proud
摔	cause to fall and break
处于	be in (a cetain condition)
凝聚	concentrate
印象	impression
闪	flash
领悟	realize, comprehend
清凉	cool and refreshing
心灵	heart, soul
产生	produce, generate
似乎	as if, seemingly
观察	observe
拼凑	put…together
后悔	regret, feel sorry for…
搀	help sb. by the arm
播种	sow seeds
启蒙	enlighten

雨露	rain and dew
觅食	find food, forage
芳香	aroma
胸怀	have in mind, cherish
树荫	shade of a tree
乌云密布	cloudy
奇异	strange, bizarre
预兆	omen
无垠	boundless, vast
否则	otherwise
骚动	rock, sway
怒吼	roar, howl
倾盆大雨	downpour
气氛	atmosphere
仁慈	benevolent, kind
迷惑不解	puzzled
困惑	bewildered
间隔	interval
和蔼	affable, kind
琢磨	turn sth. over in one's mind, consider
灌注	perfuse, pour into
筑巢	make a nest
随着	along with
描绘	describe
思想	thought
遮阴地	shade
照射	(of sunshine) shine upon
雷雨	thunderstorm
孤单	lonely
陌生	strange, unfamiliar
沉寂	still, silent, quiet
颤抖	tremble, shiver
猛烈	fierce
恐怖	horrible
轰鸣	roar
温存	gentle
手势	gesture
失望	disappointed
责怪	blame
刹那间	in an instant
覆盖	cover
美妙	wonderful, fabulous

生涯	career, life	毛坯	rough, semi-finished product
发展	develop	绚丽	gorgeous
充实	enriched, fulfilled	有价值	valuable

第6课
文房四宝之徽墨

徽墨	ink stick made in Huizhou	舐	lick
浓郁	rich, strong	万载	ten thousand years
驰名	well-known	珍贵	valuable
遗产	heritage	桐油	tung oil, Chinese wood oil
麝香	musk	冰片	*a kind of traditional Chinese medicine*
金箔	gold foil	珍珠	pearl
研磨	grind	渗透性	permeability, penetrability
虫蛀	moth-eaten	能工巧匠	skillful craftsman
蝉	cicada	畅销	easy to sell
唐朝	Tang Dynasty (618-907)	明代	Ming Dynasty (1368-1644)
清代	Qing Dynasty (1616-1911)	康熙	Kangxi Emperor (1654-1722) of the Qing Dynasty, or the Reign of Kangxi Emperor (1662-1722)
兴旺	flourishing	发达	developed

独占鳌头	be the champion, come out on top	乾隆	Qianlong Emperor (1711-179 of the Qing Dynasty, or the Reign of Qianlong Emperor (1736-1795)
匾额	horizontal inscribed board	绮丽	beautiful
风光	scene, view	雕刻	carve
御园	royal garden	稀世珍品	rare article
鼎盛	at the height of power and splendors	皇家	imperial, royal
毁于	be destroyed by/in	战火	flames of war
荣誉	honour, credit	奖励	reward, award

第8课 黄山奇松

情有独钟	show special preference to	陡崖	bluff, steep cliff
潇洒	natural and unrestrained, elegant and unconventional	挺秀	tall and graceful
花岗岩	granite	松树	pine (tree)
海洋	sea, ocean	神韵	romantic charm
非凡	exceptional	优胜劣汰	survival of the fittest
脱颖而出	stand out from the rest	天之骄子	God's favoured son
海拔	altitude	滋生	breed, grow
峭壁	cliff	挺拔	tall and straight

绝壑	abyss	稠密	dense
苍翠	lush, luxuriantly green	泛光	shimmer
虬枝	curling branch	盘结	coil, wind
傲然	proudly	盈	be full of, reach
清清爽爽	refreshing	苍劲	old and strong
耸立	tower	舒展	extend, stretch
虬根	curling root	矫健	strong and vigorous
威武	powerful, mighty, stately	净土	Pure Land
仙境	fairyland	枝桠	branch, twig
蒲团	cattail hassock	麒麟	kylin, a mythical creature in Chinese legends
辕门	the outer gate of a government office in ancient times	遒劲	powerful
饱经风霜	weather-beaten	郁郁苍苍	lush
生机	vigour, vitality	乃至	and even
象征	symbol	蟠曲	twisting
盆景	bonsai, potted landscape	屹立	stand erect

图书在版编目（CIP）数据

新意中文. 第16册 / 陈健编著. —北京：北京语言大学出版社，2013. 11
ISBN 978-7-5619-3696-2

Ⅰ. ①新… Ⅱ. ①陈… Ⅲ. ①汉语-对外汉语教学-教材 Ⅳ. ①H195.4

中国版本图书馆CIP数据核字（2013）第269762号

书　　名：新意中文·第16册
XINYI ZHONGWEN DI 16 CE
中文编辑：黄　英　秦　静　　**英文编辑：**侯晓娟
封面设计：林　哲　　**插图绘制：**杜肖牧
版式设计：北京鑫联必升文化发展有限公司
责任印制：汪学发

出版发行：北京语言大学出版社
社　　址：北京市海淀区学院路15号　**邮政编码：**100083
网　　址：www.blcup.com
电　　话：编辑部　8610-8230 3647/3592/3395
国内发行　8610-8230 3650/3591/3648
海外发行　8610-8230 0309/3365/3080
读者服务部　8610-8230 3653/3908
网上订购电话　8610-8230 3653（国内）/ 3668（海外）
客户服务信箱　service@blcup.com
印　　刷：保定市中画美凯印刷有限公司
经　　销：全国新华书店

版　　次：2013年12月第1版　2013年12月第1次印刷
开　　本：889毫米×1194毫米　1/16　**印张：**课本9.5　作业练习2.75/2.5
字　　数：120千字
书　　号：ISBN 978-7-5619-3696-2/H·13285
07900

凡有印装质量问题，本社负责调换。电话：82303590

新意中文

第16册　考试卷

学生姓名：__________ 得分：__________ 考试日期：__________

一　造句（30分）

1. 越来越近

____

____

2. 浓郁

____

____

3. 脱颖而出

二 听写（20分）

三 写一篇200字的记叙文（50分）

200

老师用

听写内容（20分）

假如生活中你失败了，请不要将忧伤的泪水写在脸上。失败也是一种收获，生活中最重要的是有一份勇气和十足的胆量。

新意中文作业练习

WORKBOOK

16

上

陈健★编著

New Concept Chinese

北京语言大学出版社
BEIJING LANGUAGE AND CULTURE UNIVERSITY PRESS

目录

作业练习 上

第1课 夸父逐日 1

第3课 我的老师 11

第5课 单元复习（一） 23

第7课 记叙文——记物 25

第9课 记叙文——记景 34

第1课 夸父逐日

一 朗读课文，要求能流利地读出全文

家长签名：__________

日　　期：__________

二 每天朗读本课阅读材料一遍，准备下次上课时课堂朗读

	星期一	星期二	星期三	星期四	星期五
家长签名					

三 指读本课词语 五 遍

家长签名：__________

日　　期：__________

四 对照课文将下列句子编上序号

（提示：先在课文中找到以下句子，并做上记号，然后再编上序号）

（　　）

夸父决心已定，他看着愁苦不堪的族人，说：“为了大家的安乐，我一定要去！”

（　　）

人们热得难以忍受，夸父族的人纷纷死去。

（　　）

夸父还没有跑到大泽，就在半路上渴死了。

（　　）

夸父族人心地善良，勤劳勇敢，过着与世无争、逍遥自在的日子。

（　　）

终于，夸父在太阳落山的地方追上了太阳。一团红亮的火球就在夸父眼前，万道金光笼罩着他全身。

五 用线连接词语

近义词（synonym）		反义词（antonym）	
精确	竟然	精确	粗糙
巨大	敬重	拘束	微小
居然	庞大	精密	粗略
敬佩	准确	巨大	大方

六 抄写词语

1 远古 ___ ___

2 荒野 ___ ___

3 高耸入云 ___ ___ ___ ___

4 巨人 ___ ___

5 心地善良 ___ ___ ___ ___

6 族 ___

7 勤劳勇敢 ___ ___ ___ ___

8 可恶 ___ ___

9 逍遥自在 ___ ___ ___ ___

10 干枯 ___ ___

11 难以忍受 ___ ___ ___ ___

12 纷纷 ___ ___

13 与世无争 ____ ____ ____ ____　　14 劝阻 ____ ____
15 愁苦不堪 ____ ____ ____ ____　　16 摇晃 ____ ____
17 迈开大步 ____ ____ ____ ____　　18 抖落 ____ ____
19 越来越近 ____ ____ ____ ____　　20 拣 ____
21 鼎足而立 ____ ____ ____ ____　　22 形成 ____ ____
23 越来越强 ____ ____ ____ ____　　24 笼罩 ____ ____
25 无比 ____ ____　　26 欢欣 ____ ____
27 双臂 ____ ____　　28 炽热 ____ ____
29 异常 ____ ____　　30 渭河 ____ ____
31 又渴又累 ____ ____ ____ ____　　32 解渴 ____ ____
33 纵横千里 ____ ____ ____ ____　　34 大泽 ____ ____
35 充满 ____ ____　　36 遗憾 ____ ____
37 牵挂 ____ ____　　38 木杖 ____ ____
39 扔出去 ____ ____ ____　　40 顿时 ____ ____
41 郁郁葱葱 ____ ____ ____ ____　　42 茂盛 ____ ____
43 过客 ____ ____　　44 遮阴 ____ ____
45 精力充沛 ____ ____ ____ ____　　46 疲劳 ____ ____

47 踏上 ___ ___

48 反映 ___ ___

49 干旱 ___ ___

50 顽强 ___ ___

51 精神 ___ ___

52 却 ___

53 记载 ___ ___

七 阅读理解，在正确的答案后面画上“√”

1. 太阳是早晨距离人近，还是中午距离人近？

（1）早晨。（　）

（2）中午。（　）

2. 《果然上当》中，那个年轻人说要赶紧去捞鱼把老人骗了。（　）

3. 《何不早还》中，那个人忘了的话被船家拾了回来。（　）

八 找出课文中运用下列词语的例句并抄写，再用这些词语自己造一个句子（不能跟课文例句一样）

1. 逍遥自在

抄写例句

造句

2. 越来越近

抄写例句

造句

3. 遗憾

抄写例句

造句

4. 精力充沛

抄写例句

造句

九 用下列名词造句

1. 普通名词：笔　飞机

笔

飞机

2. 专有名词：长城　孔子

长城

孔子

3. 抽象名词：精神　道德

精神

道德

4. 表示时间的名词：过去　今年

过去

今年

第3课　我的老师

一　朗读课文，要求能流利地读出全文

家长签名：________

日　　期：________

二　每天朗读本课阅读材料一遍，准备下次上课时课堂朗读

	星期一	星期二	星期三	星期四	星期五
家长签名					

三　指读本课词语 五 遍

家长签名：________

日　　期：________

四 对照课文将下列句子编上序号

（提示：先在课文中找到以下句子，并做上记号，然后再编上序号）

（　　）

我懂得了阳光和雨露能使植物生长，鸟儿会为自己筑巢，松鼠、鹿、狮子等动物会为自己觅食。

（　　）

忽然，有一个人拉住我的手，然后把我紧紧搂在怀里。

（　　）

我花了很长的时间琢磨“爱”这个词。……现在我明白这个词是什么意思了。

（　　）

我走到大门边，坐在石阶上等待。

（　　）

老师把我的手放到水里。清凉的水涌到我的手上时，老师在我的手心里拼了“w—a—t—e—r”（水）这个词。

五 用线连接词语

近义词（synonym）		反义词（antonym）	
开朗	开通	动工	保守
开明	直截了当	开通	竣工
看待	对待	宽阔	拐弯抹角
开门见山	爽朗	直截了当	狭窄

六 抄写词语

1 激动人心 ____ ____ ____ ____

2 示意 ____ ____

3 迹象 ____ ____

4 寻常 ____ ____

5 石阶 ____ ____

6 意识 ____ ____

7 纳闷 ____ ____

8 疲倦 ____ ____

9 寂寞 ____ ____

10 预测 ____ ____

11 搂 ____

12 揭示 ____ ____

13 模仿 ____ ____
14 自豪 ____ ____
15 脾气 ____ ____
16 摔 ____
17 粉碎 ____ ____
18 充实 ____ ____
19 处于 ____ ____
20 涌到 ____ ____
21 凝聚 ____ ____
22 朦胧 ____ ____
23 印象 ____ ____
24 灵光 ____ ____
25 闪 ____
26 当儿 ____ ____
27 领悟 ____ ____
28 奇妙 ____ ____
29 唤醒 ____ ____
30 清凉 ____ ____
31 心灵 ____ ____
32 脑海 ____ ____
33 产生 ____ ____
34 概念 ____ ____
35 似乎 ____ ____
36 观点 ____ ____
37 观察 ____ ____
38 碎片 ____ ____
39 拼凑 ____ ____
40 眼眶 ____ ____
41 后悔 ____ ____
42 难过 ____ ____
43 搀 ____
44 穿过 ____ ____
45 播种 ____ ____
46 田野 ____ ____

47 启蒙 ____ ____
48 雨露 ____ ____
49 筑巢 ____ ____
50 觅食 ____ ____
51 随着 ____ ____
52 芳香 ____ ____
53 描绘 ____ ____
54 胸怀 ____ ____
55 思想 ____ ____
56 遮阴地 ____ ____ ____
57 树荫 ____ ____
58 乌云密布 ____ ____ ____ ____
59 照射 ____ ____
60 雷雨 ____ ____
61 奇异 ____ ____
62 预兆 ____ ____
63 孤单 ____ ____
64 无垠 ____ ____
65 陌生 ____ ____
66 否则 ____ ____
67 沉寂 ____ ____
68 骚动 ____ ____
69 颤抖 ____ ____
70 猛烈 ____ ____
71 怒吼 ____ ____
72 倾盆大雨 ____ ____ ____ ____
73 恐怖 ____ ____
74 气氛 ____ ____
75 轰鸣 ____ ____
76 仁慈 ____ ____
77 失望 ____ ____
78 迷惑不解 ____ ____ ____ ____
79 手势 ____ ____
80 困惑 ____ ____

81 温存 ___ ___

82 责怪 ___ ___

83 间隔 ___ ___

84 覆盖 ___ ___

85 刹那间 ___ ___ ___

86 琢磨 ___ ___

87 和蔼 ___ ___

88 灌注 ___ ___

89 美妙 ___ ___

90 生涯 ___ ___

91 毛坯 ___ ___

92 发展 ___ ___

93 绚丽 ___ ___

94 有价值 ___ ___ ___

七 阅读理解，在正确的答案后面画上“√”

1. 海伦是怎样与别人交谈的？

（1）做手势。（　　）

（2）用嘴。（　　）

2. 安妮让海伦学会了什么？

（1）盲文阅读。（　　）

（2）写作。（　　）

八 找出课文中运用下列词语的例句并抄写，再用这些词语自己造一个句子（不能跟课文例句一样）

1. 迹象

抄写例句

造句

____

____

2. 凝聚

抄写例句

造句

3. 启蒙

抄写例句

造句

4. 预兆

抄写例句

造句

5. 和蔼

抄写例句

造句

6. 琢磨

抄写例句

造句

7. 绚丽

抄写例句

造句

九 用下列形容词或代词造句

1. 性质形容词：冷　热

冷

热

2. 状态形容词：雪白　巨大

雪白

巨大

3. 人称代词：自己　他们

自己

他们

4. 疑问代词：哪　怎么

哪

怎么

第5课 单元复习（一）

“描写”趣味作文素材

提醒自我

愚蠢的人之所以愚蠢，在于他们只看到别人的缺点而对自己的视而不见。

有个老太太坐在马路边望着不远处的一堵破墙，总觉得它马上就会倒塌。看见有人朝着墙走过去，她善意地提醒道：“那堵墙要倒了，远着点儿走吧。”被提醒的人不解地看着她，仍大模大样地顺着墙根走过去了——那堵墙并没有倒。老太太很生气，“怎么不听我的话呢？”又有人走来，老太太又上去劝告。三天过去了，许多人从墙边走过去了，并没有遇到危险。第四天，老太太感到有些奇怪，又有些失望，不由自主地走到墙根下仔细观看。然而就在此时，墙倒了，老太太被掩埋在灰尘砖石中，气绝身亡。

温馨提示：提醒别人往往很容易，但时刻清醒地提醒自己却很难做到。所以说，许多危险来源于自身，老太太的悲哀便因此而生。

第7课 记叙文——记物

一 先描后写（趣味作文素材）

天道酬勤

没有人能只依靠天分成功。上帝可以给予一个人天分，但只有勤奋才能将天分变为天才。

曾国藩是中国历史上最有影响的人物之一，但其实他的天赋并不高。有一天他在家读书，一篇文章重复读了不知道多少遍，还是背不下来，于是整个晚上他就一直读。这时候他家来了一个贼，潜伏在屋檐下，希望等读书人睡觉之后捞点儿好处。可是等啊等，就是不见他睡觉，还是翻来覆去地读那篇文章。贼人大怒，跳出来说：“这种水平读什么书！”然后将那文章背诵了一遍，扬长而去！

“勤能补拙是良训，一分辛苦一分才”，那贼的记忆力真好，听过几遍的文章就能背下来；而且很勇敢，见别人不睡觉居然敢跳出来“大怒”，教训曾先生之后，还要背书。但是遗憾的是，他名不见经传。曾先生后来启用了一大批人才，按说这位贼人与曾先生有一面之交，大可去施展一二，可惜，他的天赋没有加上勤奋，变得不知所终。

温馨提示：伟大的成功和辛勤的劳动是成正比的，有一分劳动就有一分收获，日积月累，从少到多，奇迹就可以创造出来。

二 用线连接词语

近义词（synonym）		反义词（antonym）	
牢固	历程	工作	热闹
冷淡	领会	冷漠	和蔼
过程	冷漠	冷清	休息
理解	牢靠	粗暴	热情

三 用下列连词造句

1. 表示联合关系的连词：与　而　或　并且

与

而

或

并且

2. 表示偏正关系的连词：如果　只要　虽然　而且

如果

只要

虽然

而且

四 请将以下文章段落输入电脑，打印后交给老师

学生作文好句好段摘抄（三）

1. 日子像细沙，总是在不经意间从指尖悄然滑落。那些往日的忧愁和悲伤，在似水流年的荡涤下随波逝去，而留下的欢乐和笑容就在记忆深处历久弥新。

2. 忧郁的心情蒸发了。

3. 褪色的记忆。

4. 硝烟又弥漫在和平的家中。

5. 有些记忆被焚烧掉，有些记忆被埋在心底，纯真年代如流星划过记忆的天空。

6. 我，要融化在粉红的桃花瓣里，拭去整日在你心头的牵挂。

7. 母爱是一本我终生无法读完的巨著；母爱是一片我永远也飞不出的天空。

8. 当枯黄的秋叶随风摇曳时，深秋飘然而至。月光下，父亲的影子拉得很长，肥大的风衣将瘦骨嶙峋的父亲整个儿裹了进去，我心头一阵酸楚。

9. 岁月，是一首诗，一首蕴含丰富哲理的诗；岁月是一头骆驼，驮着无数人的梦想。

10. 我完全读懂了父母的心。

五 写一篇不少于300字的**记物**记叙文，请输入电脑，打印后交给老师

第9课 记叙文——记景

一 先描后写（趣味作文素材）

生活由你决定

要走出某种难堪的窘境，很多时候，还得靠自己。

有个小孩儿一直很怕蜘蛛。父亲问他为什么怕蜘蛛，他说：“蜘蛛太难看了，所以我怕。”仔细推敲这句话，你会得出这样的结论：蜘蛛太难看了，让我害怕。是蜘蛛的问题，不是我的问题。我是没办法的。

父亲又问：“是不是所有人都

怕蜘蛛？”

儿子回答：“不是。你就不怕。我有一个同学也不怕。”

父亲再问：“同一个蜘蛛，有人怕有人不怕，那么是由谁去决定怕不怕呢？”

儿子想了想，回答：“是人去决定的。”

父亲问了最后一个问题：“那你有什么决定呢？”

“哦……”儿子的表情舒展开来，“那蜘蛛没什么好怕的了。”

温馨提示：我们在工作、生活中总会遇到这样那样的“蜘蛛”（困难、挫折），是恐惧、害怕、厌恶、逃避，还是从容面对，选择决定权在我们自己手里！

二 用线连接词语

近义词（synonym）		反义词（antonym）	
流行	灵巧	流行	秩序井然
灭亡	留意	烦琐	暴露
灵活	死亡	隐藏	简洁
留心	风行	杂乱无章	过时

三 用下列叹词或拟声词造句

1. 叹词：啊　喂　嗯　哈哈

啊

____

____

喂

____

____

嗯

哈哈

2. 拟声词：咚　砰　哗啦　扑通

咚

砰

哗啦

扑通

四 请将以下文章段落输入电脑，打印后交给老师

学生作文好句好段摘抄（四）

1. 船的命运在于漂泊；帆的命运在于追风逐浪；人的命运在于把握，把握好人生，方能青春无悔。

2. 往事如歌，在人生的旅途中，尽管有过坎坷，有过遗憾，却没有失去青春的美丽。相信自己，希望总是有的，让我们记住那句话：错过了太阳，我不哭泣，否

则，我将错过月亮和星辰。

3. 假如生活中你失败了，请不要将忧伤的泪水写在脸上。失败也是一种收获，生活中最重要的是有一份勇气和十足的胆量。

4. 曾经以为，一次无奈的哭泣，便是人世间所有的沧桑；一个小小的挫折，便是人生所有的失败。后来才知道……

5. 月光清幽。淅沥的雨滴打在茅屋上，昏黄的灯光下，母亲密密地缝着游子的夹衣。忽然，一阵冷风挤进茅屋的窗隙，母亲似乎着凉了，轻轻地咳嗽了几声。我从梦中惊醒，怔怔地看着灯下年迈的母亲……

6. 夜晚，春风柔和地吹着。我托着下巴，坐在落满花瓣的台阶上，脑海里又浮现出那件难忘的事。

五 写一篇不少于300字的记景记叙文，请输入电脑，打印后交给老师

新意中文作业练习

WORKBOOK

16

下

New Concept Chinese

陈健★编著

北京语言大学出版社
BEIJING LANGUAGE AND CULTURE UNIVERSITY PRESS

目录

作业练习 下

第2课 记叙文——记事 1

第4课 记叙文——记人 9

第6课 文房四宝之徽墨 18

第8课 黄山奇松 27

第10课 单元复习（二） 36

第2课 记叙文——记事

一 先描后写（趣味作文素材）

态度决定胜负

　　如果老天爷不曾给你聪明的头脑和显赫的家世，那么，“态度”将是唯一能使你胜出的金钥匙。

　　有一个古老的传说，是关于猎犬和兔子的。猎犬经常夸口，说自己跑得比任何猎物都快。

　　有一天，猎犬和主人一起去打猎。主人见不远处有一只野兔，为了考验猎犬，就命令它去追那只野兔。经过半个多小时的追逐，猎犬无功而回，主人对它的表现十分不满。

猎犬辩解说：“主人，你要知道，刚才我追那只野兔，只是抱着玩耍的心态，而野兔却是以逃命的心态在跑。追不到它，也不太奇怪吧！”

温馨提示：在工作中，许多时候决定成败的，并非能力，而是心态。全心全意，全力以赴，潜能方可尽显。当态度成为竞争的决胜武器时，你准备好了吗？

第2课

二 用线连接词语

近义词(synonym)

拒绝	动工
绝望	回绝
开工	引导
开导	失望

反义词(antonym)

回绝	希望
俊美	终结
失望	接受
开创	丑陋

三 用下列动词造句

1. 表示动作、行为的动词：说　保护

说

保护

2. 表示心理活动的动词：爱　害怕

爱

害怕

3. 表示发展、变化、存在、消失的动词：增长　减少

增长

减少

4. 表示行动开始或结束的动词：开始　停止

开始

停止

5. 表示使令的动词：派　要求

派

要求

四 请将以下文章段落输入电脑，打印后交给老师

学生作文好句好段摘抄（一）

1. 如果黑板是浩淼的大海，那么，老师便是海上的水手。铃声响起那一刻，您用教鞭作桨，划动那船只般泊在港口的课本。课桌上，那难题堆放，犹如暗礁一样布列，您手势生动，如一只飞翔的鸟，在讲台上挥出一条条优美的弧线……

2. 希望源于失望，奋起始于忧患，正如一位诗人所说：有饥饿感的人一定消化好，有紧迫感的人一定效率高，有危机感的人一定进步快。

3. 别在树下徘徊，别在雨中沉思，别在黑暗中落泪。向前看，不要回头。只要你勇于面对，抬起头来，就会发现，眼前不过是短暂的雨季；向前看，另有一片明亮的天空。

4. 柔和的阳光斜挂在苍松翠柏的枝叶上，显得那么安静肃穆。绿色的草坪和白色的水泥道上，脚步是那么轻起轻落，而大家的心中却是那么的激动与思绪波涌。

5. 生活的海洋并不像碧波涟漪的西湖，随着时间的流动，它时而平静如镜，时而浪花飞溅，时而巨浪滔天……人们在经受过大风大浪的考验之后，往往会变得更加坚强。

五 写一篇不少于300字的**记事**记叙文，请输入电脑，打印后交给老师

第4课 记叙文——记人

一 先描后写（趣味作文素材）

行为的钥匙

驴子向你嘶叫，你可别向它嘶叫。

著名专栏作家哈理斯和朋友在报摊上买报纸，朋友礼貌地对报贩说了声“谢谢”，但报贩却冷冷地板着脸，一言不发。

“这家伙态度很差，是不是？”他们继续向前走时，哈理斯对朋友说。

"他每天晚上都是这样的。"朋友说。

"那你为什么还是对他那么客气?"哈理斯问他。

朋友答道:"为什么我要让他决定我的行为?"

温馨提示:我们的行为和心情经常受他人左右,当我们容许别人掌控我们的情绪时,我们便觉得自己是受害者,对现况无能为力,抱怨与愤怒成为我们唯一的选择。一个成熟的人应该掌握住自己行为与情绪的钥匙,他不期待别人使他快乐,反而是他将快乐与幸福带给别人。他的情绪稳定,为自己负责,和他在一起是一种享受,而不会感到压力。

　　你行为和情绪的钥匙在哪里？在别人手中吗？快去把它拿回来吧！

二 用线连接词语

近义词（synonym）		反义词（antonym）	
测验	逼近	也许	屈服
靠近	期望	克制	慢条斯理
盼望	也许	征服	一定
可能	考试	迫不及待	放纵

三 用下列数词或量词造句

1. 基数词：千　万

千

万

2. 序数词：第一　初五

第一

初五

3. 概数词：若干　左右

若干

左右

4. 名量词：辆　双

辆

双

5. 动量词：遍　回

遍

回

四 请将以下文章段落输入电脑，打印后交给老师

学生作文好句好段摘抄（二）

1. 当你置身青山绿水、鸟语花香的春景时，一定会陶醉其中；当你面对风吹麦浪、硕果累累的金秋时，一定会欣喜不已。但你可曾想过？那盎然的春色是历经严寒洗礼后的风姿，那金秋的美景是接受酷暑熔炼后的结晶。

2. 倘若希望在金色的秋天收获果实，那么在寒意侵人的早春，就该卷起裤腿，去不懈地拓荒、播种、耕耘，直到收获的那一天。

3. 生活是蜿蜒在山中的小径，坎坷不平，沟崖在侧。摔倒了，要哭就哭吧，怕什么，何必装模作样！这是直率，不

是软弱，因为哭一场并不影响赶路，反而能增添一份小心。山花烂漫，景色宜人，如果陶醉了，想笑就笑吧，不要故作矜持！这是直率，不是骄傲，因为笑一次并不影响赶路，反而能增添一份信心。

4. 爱心是冬日的一抹阳光，使饥寒交迫的人感受到人间的温暖；爱心是沙漠中的一股清泉，使濒临绝境的人重新看到生活的希望；爱心是洒在久旱大地上的一场甘霖，使孤苦无依的人即刻获得心灵的慰藉。

五 写一篇不少于300字的**记人**记叙文，请输入电脑，打印后交给老师

第6课 文房四宝之徽墨

一 朗读课文，要求能流利地读出全文

家长签名：__________

日　　期：__________

二 每天朗读本课阅读材料一遍，准备下次上课时课堂朗读

	星期一	星期二	星期三	星期四	星期五
家长签名					

三 指读本课词语 五 遍

家长签名：__________

日　　期：__________

四 对照课文将下列句子编上序号

（提示：先在课文中找到以下句子，并做上记号，然后再编上序号）

（　　）

清代康熙年间，徽州形成了胡开文、曹素功、汪近圣、汪节庵四大墨庄。

（　　）

由著名的书画家和能工巧匠合作，将名人书画雕在墨模上，制成的徽墨既实用，又具有欣赏价值，品位更高，成为特种工艺品。

（　　）

墨庄开业后，胡天柱努力提高徽墨质量，千方百计增加徽墨品种。

（　　）

徽墨，因主要产于古徽州地区而得名。

（　　）

徽墨的特殊功能，使徽墨对中国书法和绘画的发展、传播和保存做出了重大的贡献，并获得了很多荣誉和奖励。

五 用线连接词语

近义词（synonym）		反义词（antonym）	
恳求	气氛	痛苦	收缩
空气	夸张	快速	倒退
口气	请求	扩张	甜蜜
夸大	口吻	进步	缓慢

六 抄写词语

1 徽墨 ____ ____
2 舐 ____
3 浓郁 ____ ____
4 万载 ____ ____
5 唐朝 ____ ____
6 驰名 ____ ____
7 珍贵 ____ ____
8 遗产 ____ ____
9 桐油 ____ ____
10 麝香 ____ ____
11 金箔 ____ ____
12 珍珠 ____ ____
13 研磨 ____ ____
14 渗透性 ____ ____ ____

15 虫蛀 ____ ____
16 能工巧匠 ____ ____ ____ ____
17 明代 ____ ____
18 蝉 ____
19 畅销 ____ ____
20 清代 ____ ____
21 康熙 ____ ____
22 独占鳌头 ____ ____ ____ ____
23 冰片 ____ ____
24 兴旺 ____ ____
25 发达 ____ ____
26 乾隆 ____ ____
27 匾额 ____ ____
28 绮丽 ____ ____
29 稀世珍品 ____ ____ ____ ____
30 雕刻 ____ ____
31 鼎盛 ____ ____
32 皇家 ____ ____
33 御园 ____ ____
34 毁于 ____ ____
35 战火 ____ ____
36 奖励 ____ ____

七 阅读理解，在正确的答案后面画上“√”

1. 黄宾虹因为什么原因开始参与制造徽墨？

（1）徽墨是传统名产，不受洋货充斥的影响。（　　）

（2）为了家族的生意。（　　）

2. 黄宾虹后来为什么会离乡远行？

（1）为了学习书画。 （ ）

（2）为避无稽的流言蜚语。 （ ）

八 找出课文中运用下列词语的例句并抄写，再用这些词语自己造一个句子（不能跟课文例句一样）

1. 浓郁

抄写例句

造句

2. 驰名

抄写例句

造句

3. 畅销

抄写例句

造句

4. 稀世珍品

抄写例句

造句

九 用下列介词造句

1. 表示对象、关系的介词：把　对于

把

对于

2. 表示处所、方向或时间的介词：自　朝　从　当

自

朝

从

当

3. 表示状态、方式的介词：按　通过

按

通过

4. 表示原因的介词：由于　因为

由于

因为

第8课 黄山奇松

一 朗读课文，要求能流利地读出全文

家长签名：__________

日　　期：__________

二 每天朗读本课阅读材料一遍，准备下次上课时课堂朗读

	星期一	星期二	星期三	星期四	星期五
家长签名					

三 指读本课词语 五 遍

家长签名：__________

日　　期：__________

四 对照课文将下列句子编上序号

（提示：先在课文中找到以下句子，并做上记号，然后再编上序号）

（ ）

迎客松姿态优美，枝干遒劲，虽然饱经风霜，却仍然郁郁苍苍，充满生机。

（ ）

被誉为“天下第一奇山”的黄山，以奇松、怪石、云海、温泉“四绝”闻名于世，而人们对黄山奇松，更是情有独钟。

（ ）

黄山无峰不石，无石不松，无松不奇。

（ ）

黄山松——安徽省的省树，这一植物学上的独特品种，大多生长在海拔800米以上的高山上。

（ ）

有人说，黄山之美始于松，故奇松位列“四绝”之冠。

五 用线连接词语

近义词（synonym）		反义词（antonym）	
力量	暂时	迅速	安定
利用	良知	临时	笨重
临时	力气	流浪	迟缓
良心	使用	轻巧	长久

六 抄写词语

1 花岗岩 ___ ___ ___

2 松树 ___ ___

3 海洋 ___ ___

4 神韵 ___ ___

5 优胜劣汰 ___ ___ ___ ___

6 非凡 ___ ___

7 脱颖而出 ___ ___ ___ ___

8 海拔 ___ ___

9 天之骄子 ___ ___ ___ ___

10 滋生 ___ ___

11 峭壁 ___ ___

12 挺拔 ___ ___

13 绝壑 ___ ___

14 稠密 ___ ___

15 苍翠 ____ ____
16 泛光 ____ ____
17 虬枝 ____ ____
18 盘结 ____ ____
19 傲然 ____ ____
20 清清爽爽 ____ ____ ____ ____
21 盈 ____
22 苍劲 ____ ____
23 耸立 ____ ____
24 舒展 ____ ____
25 虬根 ____ ____
26 矫健 ____ ____
27 威武 ____ ____
28 净土 ____ ____
29 仙境 ____ ____
30 枝桠 ____ ____
31 蒲团 ____ ____
32 麒麟 ____ ____
33 辕门 ____ ____
34 情有独钟 ____ ____ ____ ____
35 挺秀 ____ ____
36 潇洒 ____ ____
37 饱经风霜 ____ ____ ____ ____
38 遒劲 ____ ____
39 郁郁苍苍 ____ ____ ____ ____
40 生机 ____ ____
41 乃至 ____ ____
42 象征 ____ ____
43 蟠曲 ____ ____
44 盆景 ____ ____
45 屹立 ____ ____

七 阅读理解，在正确的答案后面画上“√”

1.“梦笔生花”的传说是关于

（1）一座山峰。 （ ）

（2）一棵松树。 （ ）

2. 为什么画鬼最易？

（1）鬼无影无形，谁也没见过。 （ ）

（2）谁都不能证明画得不像。 （ ）

八 找出课文中运用下列词语的例句并抄写，再用这些词语自己造一个句子（不能跟课文例句一样）

1. 神韵

抄写例句

造句

2. 脱颖而出

抄写例句

造句

3. 情有独钟

抄写例句

造句

4. 生机

抄写例句

造句

九 用下列副词或助词造句

1. 表示程度的副词：极　非常

极

非常

2. 表示范围的副词：只　一律

只

一律

3. 结构助词：的　得

的

得

4. 语气助词：吧　吗

吧

吗

第10课 单元复习（二）

“描写”趣味作文素材

保持本色

明明是个瘦猴，却要打肿脸充胖子，不是很滑稽吗？

有一个出租车司机的女儿，叫卡丝·黛莉，她一直想当个歌手，不幸却长了满口暴牙。第一次公开演唱的时候，为了显得有魅力，她一直想用上唇盖住突出的门牙，看起来十分可笑，结果演出失败了。

有个人听了她的演唱，认为她很有天赋，便坦率地告诉她："我知道你不喜欢自己的那口牙齿。但那又有什么关系呢？张开你的嘴巴，只要你自己不以为耻，观众是不会在意的！"卡丝·黛莉接受了他的建议，从此，她演唱时关心的只是观众，而不是自己的牙齿。后来，她终于成了著名的歌星。

命运既然让我们降生在这个世界上，就平等地赋予了我们每个人这样或那样的优点和缺点。作为一个富有个性和追求快乐的人，关键在于不要随波逐流，总是羡慕他人如何优秀，而应该保持自己的本色，依照自己的条件去充分发挥。这样我们不但可以摆脱自卑的阴影，而且会享受到许多从未想过的幸福，使自己的人生变得格外成功。

温馨提示：人无完人，你就是你自己。做大事、做小事都必须有真正的自我，把自己搞成假钞，就没有价值了。